卫国英雄
俞大猷

【青少版】

范中义 ○ 著

民族已在危难之间，
大好河山
岂容他人掠夺！

辽宁人民出版社

© 范中义 2016

图书在版编目（CIP）数据

卫国英雄俞大猷：青少版/范中义著.—沈阳：辽宁人民出版社，2017.1
　ISBN 978-7-205-08763-0

　Ⅰ.①卫… Ⅱ.①范… Ⅲ.①俞大猷（1504—1580）—传记—青少年读物 Ⅳ.①K825.2-49

　中国版本图书馆 CIP 数据核字（2016）第 271541 号

出版发行：辽宁人民出版社
　　　地址：沈阳市和平区十一纬路25号　邮编：110003
　　　电话：024-23284321（邮　购）　024-23284324（发行部）
　　　传真：024-23284191（发行部）　024-23284304（办公室）
　　　　　　http://www.lnpph.com.cn
印　　刷：沈阳市奇兴彩色广告印刷有限公司
幅面尺寸：155mm×227mm
印　　张：11.5
字　　数：100千字
出版时间：2017年1月第1版
印刷时间：2017年1月第1次印刷
责任编辑：韩　喆
装帧设计：琥珀视觉
责任校对：郑　佳
书　　号：ISBN 978-7-205-08763-0

定　价：28.00元

俞大猷古画像

1553年俞大猷率官军攻克沥港

閃腰剪勢

僊人捧盤勢

古传俞大猷《剑经》棍法图谱

序　言

每次看中国地图，我都深为祖国的地大物博、山河壮美和历史悠久自豪。中华民族是在波澜壮阔的历史进程中形成的，这个过程充满了血与火的战斗、生与死的考验。明清两朝，由于国势衰微，国家陷入灾难深重、任人宰割的境地，多次受到侵略者的肆意欺凌、掠夺和瓜分。国家饱经外患而仍生生不息，是人民群众团结战斗、奋力反抗的结果，在这救亡图存的过程中涌现出一批又一批优秀的卫国英雄。这些英雄人物面对"山河破碎风飘絮"，不畏强敌，挺身而出，带领人民群众拿起武器，保家卫国，这才使得国家一次次转危为安、化险为夷。敢于冒着敌人的炮火前进，奋勇杀敌，舍生取义，挽狂澜于既倒，扶大厦之将倾，这是真英雄的写照。面对侵略敢于战斗，面对强敌敢于亮剑，方显英雄本色。卫国英雄是中华民族的脊梁，是中国人民的骄傲。他们用实际行动证明：中华民族不可侮，中国人民不可欺。

我们都有一个梦，名字叫"中国梦"。目前，全国人民正并

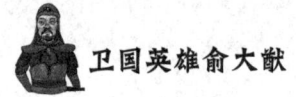
卫国英雄俞大猷

肩携手走在实现民族复兴中国梦的康庄大道上。少年强则国家强,我辈少年当自强。中国梦的实现需要青少年学习英雄精神,接力团结奋斗。卫国英雄的浩然正气与天地共存,与日月同辉。卫国英雄的光辉事迹彪炳千秋,催人奋进。卫国英雄英勇善战、所向披靡的英雄气概,为青少年所敬仰。当代青少年有幸生活在我国几十年没有战争的和平环境中,但是,千万不要因此觉得天下太平。环视周边安全,需要高度警惕,不能掉以轻心。我国国土尚未完全统一,台湾一直孤悬海外,没有回归祖国。目前,台湾政权轮替后,岛内分裂势力更加猖獗,两岸和平发展面临新的挑战和变数。同时,从东海到南海,从钓鱼岛到永暑礁,我国主权受到域内外的多方挑衅和侵犯。天下虽安,忘战必危,何况今日之周边战云密布。在国家安全环境复杂的新形势下,用历史告诉现实,引导青少年弘扬前辈英雄戍边卫疆、保家卫国的爱国主义精神,既具有深远的历史意义,又具有重要的现实意义。

青少年向卫国英雄学习什么?我认为,核心即是学习他们炽热强烈的爱国主义精神。和平与发展仍然是当今时代的主题,我们要时刻关注国与国之间每日存在的科技、经济、文化和综合国力的竞争。我们还面临许多不公平的国际规则,常常受到发达国家的不公正对待。爱国不是抽象的,而是具体的,青少年要根据自身特点，找到合适的爱国路径。

我高兴地看到，辽宁人民出版社的卫国英雄丛书以人物传记的方式，介绍明朝抗倭名将戚继光、抗倭名将俞大猷、明平息倭患的胡宗宪、明清之际收复台湾的郑成功、清朝道光时期严禁鸦片的林则徐、收复新疆的左宗棠、抗法名将冯子材、抗法抗日的刘永福、甲午海战名将丁汝昌和邓世昌等十位卫国英雄抵御外侮、保家卫国的故事。十位卫国英雄尽管所处时代不同、成长经历不同、战斗故事不同，但都敢于同外敌进行不屈不挠、艰苦卓绝的斗争，用奋勇杀敌的实际行动，维护国家的领土完整、保障人民的安居乐业。这套丛书主题鲜明，思想深刻，情节生动，文字优美，通俗易懂，适合青少年学习和阅读，可以说是青少年学习和弘扬爱国主义精神的生动教材。我相信，青少年读者阅读这套丛书，一定会为卫国英雄的爱国故事所感动，为卫国英雄的凛然正气所感染，从卫国英雄的故事中汲取勇气、智慧和力量，不断增强爱国之情，砥砺强国之志，在实现中国梦的伟大实践中放飞人生梦想，绽放绚丽青春。

中国青少年研究中心副主任　张良驯
2016 年 5 月 17 日

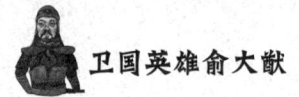
卫国英雄俞大猷

作者序

俞大猷（1503—1579）字志辅，号虚江，晋江（今泉州）人，明朝名将，民族英雄，军事家，武术家。

俞大猷是伟大的民族英雄。说他是伟大的民族英雄是因为他在抗击外敌入侵中立下了不朽的功勋。他出身于下级军官家庭，29岁袭祖职泉州卫前所百户，76岁离开军营，戎马生活47年。在这47年中，他有十年左右时间是在抗击外敌入寇的战斗中度过的。他任职期间所遇到的外敌入侵有三：佛郎机（今葡萄牙）、安南（今越南）和日本的海盗集团（即倭寇）。他抗击安南范子仪的入寇，并取得了完全的胜利。他虽未直接抗击葡萄牙人的入侵，但筹划了驱逐葡萄牙人的办法。嘉靖三十一年（1552）倭寇开始猖狂入侵，抗倭战争开始。战争延续13年之久，直到嘉靖四十三年（1564）才基本结束。他是最早参加抗倭的将领，抗击倭寇的入侵前后有十个年头。他抗倭的足迹遍及浙、直、闽、粤，这在著名的抗倭将领中是独一无二的。抗倭战争的每一次重大胜利，如王江泾大捷，歼灭徐海、王直，平海卫大捷等都有他的功劳。他指挥陆兵在沿海歼倭，又率领水军，在海上战无不胜。是他把倭寇赶出广东，结束了抗倭战争。他为保卫沿海人民的生命财产安全，为保卫国家的领土主权完整，立下了不朽的功勋。不仅如此，他还提出一套较完整的抗击倭寇入侵的理论，即军民携手，御海洋，御河港，御海岸，御内河，御城镇，水兵常居十七，陆兵常居十三。俞大猷在理论和实践上对抗击倭寇所做的贡献在明朝的文官武将中无人能与他相比。他是当之无愧的民族英雄。

俞大猷是明朝名将和军事家。他"历仕三朝，身经百战。经营四十七年，斩馘二万五千余级，功在边陲，袤然为诸将之首"。这是朝廷对俞大猷的评价。史家说：他"四为参戎，七为总戎，皆将别将。""为诸将之首"，这一评价是恰当的；"皆将别将"也是事实。它正说明俞大猷不是一般的将领。事实也确实如此。俞大猷参加过明朝各种类型的战争，指挥过各种战斗：抵御外敌入侵，抗击鞑靼内犯，剿海盗，歼"山寇"。既有陆地作战，更有海上歼敌；既是陆兵将领，更是水军统帅；既指挥单一军种作战，又指挥合成兵种战斗。而且无论是陆战还是水战，是单一军兵种还是合成军队，他的指挥都是那样应付裕如，得心应手，并取得

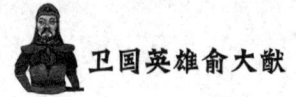

胜利。还不只在作战指挥上,更重要的是在战争谋划上。他深谋远虑,功收万全;平时想到战时,战前想到战后;计定而后大举,兵集而后齐发,战则求全胜。与此同时,俞大猷在军事理论上也多有建树。他的海防理论、边防理论、治安思想、军队建设思想和战争指导思想多为前人所未发。俞大猷不仅是一位军事家,而且是一位难得的,有政治头脑、有战略眼光、长于谋略的军事家。

俞大猷是武术家。之所以说他是武术家,因为他是武进士出身,武艺超群,并著有《剑经》一书,影响深远。邓钟说:"棍法有三十余家,但多花步,惟俞家棍俱实法,故所向无敌。习武艺者先习俞家棍,则钩、刀、枪、钯俱从此出。"他所使用和传播的武术是实战武术,是当时军队所使用的各种兵器技艺的基础。戚继光说:"俞公棍所以单人打不得,对不知音人打不得者,正是无虚花法也。"又说,"叉、钯花法甚多,划去不尽,只是照俞公棍法以使叉、钯、钩镰,庶无花法而堪实用也。"戚继光是用俞大猷的《剑经》来练兵的。时至今日,俞大猷国术馆乃是全国的武术教育基地。他不愧为一位武术家。

CONTENTS

目 录

第一章　苦出身的上进青年　　　　　　▸ 001

第二章　毛遂自荐做了守备　　　　　　▸ 015

第三章　抗倭逆境，挑战与机遇并存　　▸ 041

第四章　匠心营造的车兵创奇功　　　　▸ 085

第五章　平了倭患丢了官　　　　　　　▸ 105

第六章　长治久安是他的梦想　　　　　▸ 119

CONTENTS
目 录

第七章　报朝廷之恩，答知己之遇　　▸ 133

附录　　▸ 153
　一、俞大猷年谱简编　　▸ 153
　二、俞大猷诗词选摘　　▸ 166

第一章 苦出身的上进青年

第一章 ◎ 苦出身的上进青年

第一节　半生磨砺

弘治十六年六月十四日（1503年7月7日），在晋江濠格头村（今福建泉州市洛江区河市镇）一个下级军官的家里，一个男孩儿呱呱落地。他就是日后成为民族英雄、一代名将的俞大猷。

俞大猷的始祖名叫俞敏，本为南直隶霍邱（今属安徽）人。朱元璋率众起义推翻元朝，夺取天下时，俞敏参加了朱元璋的队伍，跟随他南征北战40年，后被封为世袭百户，隶属于泉州卫。泉州卫建立于洪武元年（1368），驻守泉州，下辖5个千户所，俞大猷家的世袭官位是前千户所下一个百户所的百户。

明朝的军队制度一般称作卫所制，从京师到郡县都设立卫所。卫是基本的编制单位，1卫管5千户所，1千户所管10百户所，1百户所管2总旗，1总旗管5小旗。卫的军事长官称指挥使（正三品），大约管5600人，他的副手称卫指挥同知（从三品）和卫指挥佥事（正四品）。千户所的军事长官称作千户（正五品），

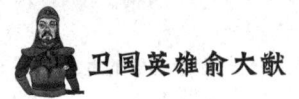

管1120多人,他的副手称副千户(从五品)。百户所的军事长官称百户(正六品),管112人。总旗的头头(不是军官)称总旗,管55人。小旗的头头称小旗,管10人。可见俞大猷家世袭的官职是明代军队中最低一级的军事长官,正六品,年俸120石。

俞大猷的曾祖父和祖父都未曾任军职。父亲原瓒是始祖俞敏的曾孙(五世孙),但不是嫡系长房。根据明朝世官的继承制度,他不应袭百户之职。只是由于嫡系长房袭替无人,原瓒感念祖宗的世勋不应就此放弃,遂竭尽财力,含辛茹苦,四进京师,几经周折,才办理了袭职手续。

生长在这样下级军官家庭的俞大猷,从小就过着不算宽裕的生活,家中对他不会娇生惯养,他也深知要靠不懈的努力来改变人生。

俞大猷其貌不扬,言辞謇滞,但聪颖过人,从小就有志向,以豪杰自命。据俞大猷《饮马长城窟》中的"臣十有五着青襟,十年稽古志何深"两句诗意来推断,大猷当为5岁在河市入私塾读书,15岁中秀才。当时家境十分贫寒,有时无米下锅,而他攻读不辍。俞大猷中秀才后,在泉州的清源山求学于名师王宣、林福、赵本学。王、林、赵三人都是学者蔡清的学生。蔡清很长时间内都从事教书授徒,他平生饬躬砥行,贫而乐施,以《易》学闻名于时，"初主静，后主虚，故以虚名斋"。大猷不但学到了三位师长就《易》学所阐明的理论，而且能融会贯通，有所阐发。他任官职后，无论是指挥军队作战，还是处理日常事务，都依据理与时而决定，并不迷信其他。这在古代将领当中是十分罕见的。由于他精于兵法，所以曾言，兵法之数起五，犹一人之身有五体，虽将百万之兵，可使合为一人。大猷除攻读举子业的书籍外，还博览群书，攻古文词，对古今兵法无所不究，学识渊博。在清源山读书时，他不仅向赵本学学《韬钤内外篇》，也向他学习太祖拳，文武兼修。

在二十多年的攻读生涯中，俞大猷刻苦磨炼自己，虽然没有考中举人和进士，但具备了很高的义人素质和武人韬略以及高超的武艺，对他的一生影响颇深。

嘉靖十年（1531），29岁的俞大猷，在父亲病逝后，因家境困难被迫放弃举子业，投笔从戎，承袭了祖职百户。俞大猷既成武流中人，便开始潜心学习骑射之术，不仅在不太长的时间内就掌握了射箭的要领，拉满弓能命中，而且还有独到的体会和阐发。他说："法曰'镞不上指，必无中理；指不知镞，同于无目'。此'指'字乃是左手中指末。'知镞'者，指末自知镞到，不假于目也。必指末知镞，然后为满。必箭箭皆知镞，方可言射。"

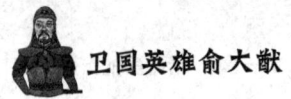

他本人就已经达到了"指能知镞，辄命中"的水平。他又向武术名家李良钦习击荆楚长剑法。李良钦，同安人，少任侠结客，得异僧授齐眉棍法，其棍法神明变化，纵横莫当，成为棍法一代宗师。其人相貌魁梧，生性秉忠，操行端严，文韬武略，武艺超群，勇猛过人。由于大猷有较高的文化素养和兵学理论，所以能将武术的具体招式上升到理论的高度，很快掌握其真谛。他学成之后，李良钦故意出招比试，大猷还手相迎。比试过后，李良钦放下长剑，由衷地夸赞他道："公异日剑术，天下无敌者。"确实，俞大猷的剑术和射术都大有所成。正因如此，后来他才敢只身或带很少的随从深入敌境；正因如此，他才写下了前所未有的武术专著《剑经》，对中国武术的发展做出了巨大的贡献。

俞大猷在33岁之前基本是在读书和习武中度过的。经过三十多年的勤学苦练，他能文能武，品格高尚，就这样走向了社会，并在社会中继续磨炼自己。

第二节　戍守金门

嘉靖十三年（1534）十月，俞大猷参加武科的乡试，中了武举。按照明朝武科的考试制度于第二年四月进行会考。会考共三场，日期为初九、十二、十五。初场试马上箭，以35步为则，二场试步下箭，以80步为则，三场试策一道。俞大猷箭术高超，顺利通过考试。

试策其中一道题目是"安国全军之道"并二问：一问正气血气，二问有无良法。俞大猷在"安国全军之道"一文中阐述了自己的观点。他认为，君子要能成就天下的事情，只有靠一个"忍"字。忍，是道德的基础，干事立功的根本。小不忍乱大谋。俞大猷强调"忍"，就是"持重以观变，秘幽以御物"，持重办事，考虑周全，藏机不露，以安国全军。他后来用兵持重，事出万全的思想，在此文中已初露端倪。

这次武举会试，俞大猷获得第五名，中了进士。明廷提升他

卫国英雄俞大猷

为本所的署正千户，并派他守御金门，成了金门千户所的主管官。金门千户所与他所在的前所不同，是个独立的守御千户所，隶属于福建都指挥使司。这样他就独立担负起守御一地的任务。

俞大猷到金门后，以酒食款待当地德高望重的老者，聘请知名的老师到私塾任教，用儒家的忠孝揖让来引导民众，申明儒家的诗书礼义。老百姓之间如有争端，他虚心听取，不需缴纳费用，给予公正处理，使双方信服。每到初一、十五，百姓聚在乡约所开会，讲述半月来发生的各种事情。俞大猷与众人一起评论这些事情，某人做了好事要给予表扬，某人做了错事要进行规劝。做错事的人，经过规劝，深感愧疚悔恨。由于采取了这些措施，在他任职的五年时间里，金门人没有到府司去告状的。身为军官的俞大猷治理金门，实行的是王守仁的乡约法，胜于一般文官。

嘉靖十五年（1536），福建发生灾荒，饥民遍野，饿殍相望。有司发粮赈灾。俞大猷当时负责同安县的赈灾事宜。通常的做法是公家设棚煮粥，让饥民聚集到这些地方吃粥。百姓为吃上救济粥，只好等在那里，不得离去。俞大猷没有这样做，他首先向百姓发出告示，让他们安心待在各自的乡里。他则走遍各乡，每到一乡便集合百姓，席地而坐，他逐人查看，凡是饥饿者，都给一票，然后凭票到官府去领粮。老百姓得到救济粮，可以去种地或做买卖，

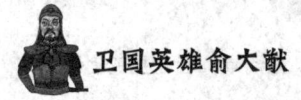

进行自救。这样救活了万余人。而那些死守着救济粥的人,没法干其他事,有些反而死于救济。由此可见,俞大猷对老百姓的事考虑得如此周到,并不墨守成规。

在戍守金门期间,俞大猷向金都御史陈伍山写了两封书信,同样显示出他的军政才干。一封信是"上金宪伍山陈公条陈用兵二弊二便书",另一封是"又呈画处官澳三策",对于当时明朝军队中存在的问题和如何用兵官澳提出了自己的见解,反映了他对当时形势的担忧和用兵思想,却也给他带来了不应有的打击。

俞大猷在第一封信中说,当今不能成功地剿捕海寇,是因为两大弊端:"上不能用将,将不能用兵是也。""上不能用将"有二:择之不慎,责之不专。所谓择之不慎,就是当有海盗肆虐之时,朝廷不是移文委派府州县一般守职的官员,就是委派那些有财势有虚名的军官。而这些人往往是"兵法不知,应对不备,才能不伟,志气不充",带兵打仗绝无胜算。所谓责之不专,就是用将不专择一人,结果是政出多门,人心不齐,当然无法克敌制胜。"将不能用兵"主要是无智无勇。当时的将领用兵,军队没有纪律,一盘散沙,怎能打胜仗?命其剿捕海盗,有的将领则"高坐湾澳,远伺成败。得贼则贪为己功,不得则自以为此岂切吾家事!"俞大猷还提出用兵的"二便":"其一曰委任当极其至也";

"其一曰赏费当有所取足也"。所谓"委任当极其至",是说任命将领要十分隆重,要给他以予夺之权。所谓"赏费当有所取足",是说要施以重赏,"重赏已施,重罚可行。罚生于赏,罚人而人不怨,虽驱之以赴水火,其谁敢后哉!"而当时以用费过多为难,甚至一个士兵战死,只给二三两银子丧葬费。俞大猷最后指出:这些问题"失今不治,养成闽、广之患,积数十年,国家东南之祸不知所终矣"。历史证明,他的这些担忧不是多余的,十几年后东南沿海的倭寇之所以那样猖獗,其中的原因之一,就是明军的腐败无能,军备废弛。

在第二封信中,俞大猷对如何处理自己辖区官澳之"贼"提出三种办法:第一,征船数十、征兵数百加以剿除;第二,由他自己带精兵五十、劲兵二百进行突袭;第三,"不动一兵,不用一船,卑职挺身偕妻子质镇其地,为之辨善恶,立保甲,行乡约,朝夕查点以稽其所往,宣布当道威德以劝谕之",也就是采用德治的办法。实行第一种办法,十日之间可以奏效,但要伤及无辜。实行第二种办法,作乱之人未必尽除,将来又难保其不再有。而实行第三种办法,将"使此港之贼,卖刀买牛,卖剑买犊,归化向顺,安生治业",成为良民。因此俞大猷主张采取第三种办法,"三月之间,可冀其效,诚一方生灵之福也"。

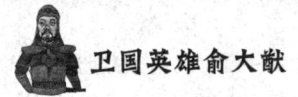 卫国英雄俞大猷

　　俞大猷指出的军队中存在的问题,是切中时弊的。他主张将领应该有智有勇,朝廷对待将领应该择之要慎,用之要专,礼之要隆,这乃是选将、任将、用将的根本。朱元璋就曾说过:"为将之道,勇智贵兼全。"在使用将领上,王守仁说:"隆其委任,重其威权,略其小过,假以岁月,而要其成功。"又说,"天下之事成于责任之专一,而败于职守之分挠。"足见俞大猷的军事素养不亚于那些知名的军事统帅。俞大猷对处理官澳之"贼"的办法又不亚于著名的政治家。保甲法和乡约法是王守仁任南赣巡抚时提出的,俞大猷要亲自偕妻子实行这种办法,并确信定能成功。作为一个下级军官,这是何等的胆量和政治头脑。当时的佥都御史本应对俞大猷提出的问题采取欢迎的态度,并应想方设法扭转当时军队的弊端,放手让其处理官澳之"贼",且对这样的人才加以重用。但无知无能的陈伍山竟勃然大怒,指责俞大猷"若武人何以书为?"反倒给了他杖击和夺去官职的处分。当然,这是明朝重文轻武的制度使然。

　　朱元璋所建立的明朝,实行以文制武,武职人员地位越来越低下。军队的军政大权都掌握在文官手中,武官只有带兵打仗的职权,但凡有一点失利就要受到惩处。总兵官本是地方武官中的最高职务,往往以都督及公侯伯充任,为正一品高官,但"自总

督建后，总兵禀奉约束，即世爵俱不免庭趋。其后渐以流官充总镇，秩位益卑。当督抚到任之初，兜鍪执仗，叩首而出，继易冠带肃谒，乃加礼貌焉"。总兵官在文官面前都如此低下，一个千户在佥都御史眼中，当然更无足轻重了。

面对这样荒唐的处分，俞大猷淡然一笑道："这岂是吾显露才能的地方！"

他离开了金门，金门百姓含泪送行，还为他建了生祠。一些随俞大猷读《易》的人，跟着他到了泉州；一些向他学剑法的人，也来到他的家里，不肯离去。

第二章 毛遂自荐做了守备

第一节　自荐求职

被罢官的俞大猷没有丧气颓废，每日习文练武，依然孜孜以求报效国家。嘉靖二十一年（1542）八月，朝廷下诏选拔天下将才，俞大猷的机会出现了。

朝廷之所以下诏选拔将才，是为了抵御鞑靼的大举内犯。洪武元年（1368）闰七月，当明军逼近元大都时，元朝末代皇帝妥懽帖睦尔偕后妃、太子逃往漠北，其残余势力还比较强大。明太祖朱元璋为统一全国和巩固政权，对残元势力采取了两手政策。一方面，力图与其和好，使其臣服。从洪武二年（1369）开始，他多次致书妥懽帖睦尔，劝他"奉天道，顺人事，遣使通好，庶几得牧养于近塞"。洪武三年（1370）四月，李文忠率师北征，俘获妥懽帖睦尔之孙买的里八剌。朱元璋不仅不惩治买的里八剌，还封他为崇礼侯，待遇颇为丰厚。妥懽帖睦尔逝世后，朱元璋谥其为顺帝。洪武七年（1374），又遣归买的里八剌，目的是使"不

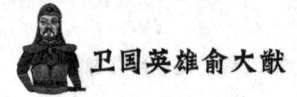

绝元之祀"。并劝元新主爱猷识里达腊,不要同中原王朝抗衡,双方和好,以使其"必得一族于沙漠中,暂尔保持,或得善终"。另一方面,朱元璋几次派大将徐达、李文忠、蓝玉等北征,给元朝残余势力以很大打击。元主的势力削弱,各部封建主的势力兴起,除元主的直接统治的地区仍称国号"元"外,还有兀良哈和瓦剌部。洪武二十二年(1389),明廷于归附的兀良哈部建立了余福、朵颜、泰宁三卫。从此兀良哈部成为明朝的羁縻卫所,其首领由明廷任命,每年朝贡,称为"属夷"。洪武二十一年(1388),元顺帝孙脱古思帖木儿(即朱元璋放回去的买的里八剌)被大将蓝玉战败,随即被其部下缢死。脱古思帖木儿死后,两代三传至坤帖木儿。建文三年(1401),坤帖木儿被部下鬼力赤篡夺,遂去元国号,称鞑靼。

朱棣夺取帝位后,对鞑靼、瓦剌继续实行朱元璋的两手政策。他指出:"华夷本一家。朕奉天命为天子,天之所覆,地之所载,皆朕赤子,岂有彼此?"他把蒙古人当作一家人,即位之后就派使者向其通报,后又多次遣使者向其告谕,并馈赠礼物,希望与他们和好。在这种情况下,蒙古瓦剌部归附。当时西部的瓦剌部由马哈木、太平和把秃孛罗三个首领分别统治着。永乐六年(1408),马哈木遣使贡马请封。第二年,朱棣封马哈木为顺宁王,太平为贤义王，把秃孛罗为安乐王。"八年春，瓦剌复贡马谢恩。自是，岁一入贡。"

鞑靼和瓦剌不同，永乐七年（1409），鞑靼可汗本雅失里，杀掉了明廷的使者，于是朱棣派丘福率10万大军北征，结果全军覆没。第二年，朱棣亲率大军50万北征，至斡难河南岸，大败本雅失里。接着又大败鞑靼知院阿鲁台于斡难河东北的飞云壑。这年冬天，阿鲁台同明廷和好。本雅失里于永乐十年（1412），被瓦剌部的马哈木所攻杀。本雅失里死后，鞑靼部全由阿鲁台统率。永乐十一年（1413），永乐帝封阿鲁台为和宁王。"自是，岁或一贡，或再贡，以为常。"朱棣把鞑靼和瓦剌都置于明廷的管辖之下。但鞑靼和瓦剌时服时叛，所以朱棣又于永乐十二年（1414）、二十年（1422）、二十一年（1423）和二十二年（1424）进行四次北征。朱棣先后五次北征，消耗了大量人力物力，给残元势力以沉重打击，迫使他们在一定时期内服从明廷中央政府的管辖，不敢轻易犯边。

鞑靼和瓦剌不仅对朝廷时叛时服，他们之间也不时仇杀。宣德九年（1434），马哈木之子承袭顺宁王的脱欢，袭杀了阿鲁台，同年又袭杀了瓦剌的另两个首领贤义王和安乐王，统一了瓦剌和鞑靼两部。脱欢欲自立为可汗，但各部意见不一，乃立元帝后裔

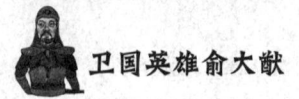

脱脱不花为可汗，自为丞相，掌握实权。正统四年（1439），脱欢死，其子也先嗣位。当时脱脱不花和也先各派遣使臣向朝廷进贡，朝廷对脱脱不花的赏赐尤为丰厚。正统十四年（1449）七月，也先大举进犯内地，明英宗朱祁镇在专权太监王振的鼓惑和挟持下御驾亲征。结果50万明军在土木堡全军覆没，朱祁镇成了也先的俘虏。十月，也先率领瓦剌军拥挟着朱祁镇大举内犯，直打到北京城下。于谦等一批文武大臣率军民同心抵御，力挽危局，保住了北京。

也先毫无所获，第二年不得不送还英宗。朱祁镇被送回之后，脱脱不花"修贡益勤"。也先恐其对己不利，遂攻杀脱脱不花，自立为可汗。不久，也先为阿剌知院所杀。鞑靼部长孛来又攻破阿剌，立脱脱不花子麻儿可儿，号小王子。自也先死，瓦剌开始衰落，鞑靼又强盛起来。景泰、天顺、成化年间的基本状况是，鞑靼各部之间有时互相仇杀，有时与明廷通贡，而内犯则是常有之事。

弘治元年（1488），伯颜猛克代其兄把秃猛克为小王子，自称大元大可汗。这就是蒙古族史上著名的达延汗。伯颜猛克继位初，与瓦剌屡入贡，奉约束，不敢大为寇，所以"弘治初，诸边稀虏患，异成化时矣"。但后来其部下有一酋长名火筛者，"狡黠善用兵，劫诸部，屡寇边，获财畜，日强盛，跋扈，与小王子争雄长，边患复炽"。伯颜猛克强大起来，统一了蒙古各部，不断内犯，断绝了同朝廷的朝贡关系。伯颜猛克大约在正德末死去，其长子阿尔伦早死，次子阿着称小王子。阿着死，众立阿尔伦长子卜赤，称亦克罕，明称其小王子如故。嘉靖年间，鞑靼部再不像达延汗时那样统一，而出现了几个强大的首领——小王子和阿着的两个儿子吉囊、俺答。他们几乎无岁不内犯，比以前各朝大为增加。究其原因，就明廷来讲，内阁纷争，严嵩专权，政治逐渐腐败，边防废弛，给鞑靼以可乘之机。鞑靼的强盛和明廷防务的废弛，是当时的基本形势，也是鞑靼能够内犯的重要原因。

嘉靖二十一年（1542）闰五月，鞑靼的俺答、阿不孩派使者到大同，请求通贡，明巡抚龙大有不但不允许通贡，还把请求通贡的使者杀害。俺答愤怒，大举内犯，六月寇朔州，入雁门关，犯太原；七月寇潞安，掠沁、汾、襄垣、长子等，参将张世忠力战而死。在这种情况下，朝廷下诏，选拔天下将才镇边守国。

俞大猷得知这一消息，异常高兴地说："我报效国家的时机终于到了！"当巡按御史徐宗鲁召集诸司广选武将时，一些将官事先毫无准备，都为此而苦恼，只有一向磨炼自己的俞大猷整理好冠带，气度不凡地走向厅堂，拜谒御史。胸有成竹的他慷慨陈词：

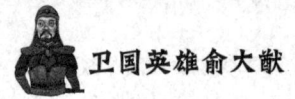
卫国英雄俞大猷

"台下奉明诏,选边帅,无逾于俞大猷者矣。俞大猷于九边形势虚实,无所不知,古今兵法韬略无所不究,且以忠孝诗书运于其间。朝廷大用之,当见大效;小用之,当见小效。计以塞明诏,无逾猷者。"这看来虽有自诩之嫌,但反映了俞大猷报效国家的迫切心情,而他也确实有这样的本事。徐宗鲁表示赞许,向兵部推荐俞大猷,而督学田汝成则以请俞大猷入内饮茶来表示对他的尊重。于是大猷安排了家务,由妻子陈氏内理家务,弟弟志弼外治生事,以侍奉老母;卖掉了家产,凑足路费,以誓死报国的决心,告别家人、故友,只身前往北京。

俞大猷到北京后就借住在同乡丘养浩家。他上书给兵部尚书毛伯温,表示了自己的决心,分析了敌我的形势,指出了明边军的问题。他说:"是以鬻资用以为裹粮,万里急走以赴麾幕,自谓大司马必能用猷,猷必不负大司马。倘有一阵之寄,必能身先行伍,以效尺寸;逾分而有国士之遇,亦当黾勉以图国士之报。"俞大猷指出明军在将领谋士、后勤供给、武器装备、战术战法等方面都优于鞑靼,之所以不能在战争中取胜,关键是国家不能得士兵之心,无法使他们拼死为国作战。

有人认为明军的问题是"吝赏也,缓令也,寡兵也,乏食粮也",俞大猷的看法恰恰相反。他认为:"赏太滥,令太严,兵太多,粮储太备耳。"赏太滥，指的是赏罚不当；令太严，指朝廷对将领干预太多，事事掣肘；兵太多，指兵虽多，无斗志，见敌即溃；粮储太备，指边军月粮，不发粮而发银，将官从中克扣贪污。这些确实是当时明军存在的问题，特别是令太严和兵太多更是当时明军中的积弊。毛伯温看到俞大猷的书信，大为惊奇，遂派他到宣大总督翟鹏处，令其赞画军务。俞大猷离开北京，前往宣府宣大总督翟鹏处。

俞大猷到翟鹏处上书，认为鞑靼之所以连连内犯，肆无忌惮，是因为明军没有给其以沉重打击。不先算后战，大胜一阵，就不能使他破胆寒心，不再内犯。而要想大胜，首先必须建立节制之师。将领应该对其谋士、副将、部长乃至士兵贤愚勇怯、善骑善步等等了如指掌，前攻后守，以奇以正，运用裕如，这样大战则大胜，小战则小胜。其次，要讲究兵器，讲究技艺，讲究阵法。讲究兵器，俞大猷认为要以强弩胜敌弓矢，以铳炮摧其坚锐，以虎叉制其环刀，以矛车御其骑兵冲突。讲究技艺，就是要使每个士兵熟悉一种技艺。讲究阵法，就是要使全军熟悉分合变化。这里俞大猷第一次提出了用车御敌的观点。他还请求与翟鹏会面，详细阐述御虏之策。翟鹏虽对俞大猷的御虏之策有所采用，但并没有见他，也没有给他应有的礼遇。于是俞大猷给翟鹏写了第二封信。这封

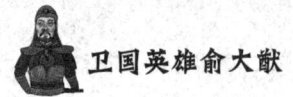

信讲了三个问题：一是辨马步以定胜败之长技。说的是马兵和步兵所用的兵器不同。步兵要胜马兵需用虎叉佐之以钩刀，并以镖枪、圆牌和斩马刀为辅助兵器。二是教技艺以倡边方之勇敢。说的是要请教师教真正的战斗技能，有了过硬的战斗技能三军就会气壮，作战勇敢。三是重正兵以御虏马之冲突。说的是结阵御敌。或用车或用拒马矛结成阵势，要阵间容阵，队间容队，先为不可胜。这里把教技艺作为倡勇敢的方法，即后来概括的"练胆必先教技"。

这封信递上去后，翟鹏总算是接见了俞大猷。俞大猷敢说真话："召其素号强兵者而折其弱，指其素恃坚营者而辨其虚"。翟鹏也很了不起，听到这些逆耳之言，并未恼怒，而是谦虚地说："吾不当以武弁相待也。"接着以隆重的礼节对待大猷，使在场的将官、士兵大吃一惊。但当时敌情并不严重，翟鹏也没有积极进取之意，因此并没有重用俞大猷。俞大猷自知在这里不会有作为，遂离开了翟鹏的处所。

俞大猷这次北方之行是对自己的一次磨炼，既磨炼意志，又磨炼才干。他这位生长在海滨的南方人，为报效国家来到北方，遇到好多困苦，但所有的困苦都能克服，正如他自己所说："走万里而不知其远，居九夷而不见其陋，闻惊风嘶马而不凄其心，耐寒霜彻骨而不馁其志。"他这种报国的志向是何等的坚定！

四百多年后的今天，人们读到此也会肃然起敬。他把自己所学到的兵学理论运用到北方，提出抗击北方鞑靼的关键是要有万众一心的节制之师；要用正兵，堂堂正正与他大战一场，使他破胆寒心；要铳炮摧其坚锐，矛车御其冲突，等等。这些是他后来边防思想的雏形。而他亲历北方，对敌情我情和山川形势有了更深的了解，既为其后来边防思想的成熟提供了素材，也为他后来北方立功准备了条件。

一代名将戚继光在隆庆初年也主张用正兵，大战一场，使"虏"破胆寒心，与俞大猷的主张相似，比俞大猷完备，但比俞大猷晚二十多年。可谓英雄所见略同。

在北京期间，丘养浩对俞大猷有了深刻的了解。他称赞俞大猷有高尚开阔的胸怀，敏捷干练的学识，是国家的栋梁之材。他同刘存礼、李恺等人联合举荐俞大猷，一些官员为之感动。所以俞大猷后来每每对人讲是丘养浩推荐了他。汉代的谋略家陈平是由于魏无知的推荐才得以成名的。俞大猷以此比喻说："丘集斋，我之魏无知也。"

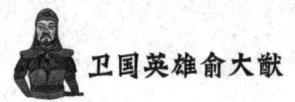

第二节　守备任上

由于丘养浩等的推荐，也由于毛伯温、翟鹏的请命，明廷于嘉靖二十三年（1544）三月，任命俞大猷为汀漳守备，署指挥佥事，以都指挥体统行事。这时俞大猷已42岁。

"独守一堡一城者曰守备。"俞大猷当时所任的汀漳守备是汀州、漳州二府的最高军事长官，驻武平千户所，下辖三卫七所，和边防上的守一城一堡的守备有所不同。就职务来讲，俞大猷的职务比过去要高得多，过去只是千户，现在则相当都指挥使一级的官。职级也提了一级，原先为百户时是六品，升署正千户为从五品，现在升署指挥佥事为从四品。

作为汀漳守备，俞大猷的职责是守卫地方，捕盗安民。他治武平同治金门一样，注重教化、治民，而不是专恃武力。他同当地的文人一起读《易》写文，交流会友。他教当地人习武术以自卫，使当地人的技艺高强，远近闻名，以致强盗不敢到武平。

第二章 ◎ 毛遂自荐做了守备

嘉靖二十六年（1547）五月，他督领海兵与海盗战于元钟（亦作玄钟，在今福建诏安东南梅岭南）蒲澳，俘获敌大小船70只，生擒贼首康老及手下贼众80余名，并攻敌沉下水者500余。七月，又领陆兵战"流贼"雷士贤等，擒50余名。十月，朱纨命他领陆兵剿"流贼"汤信四等，擒斩170名。他在这几个月内连续三战，战战获胜，维护了地方的安宁。

俞大猷对辖区内的防务了如指掌。嘉靖二十六年（1547）七月，因沿海倭患严重，明廷命巡抚南赣汀漳的左副都御史朱纨巡抚浙江兼管福建福、兴、建宁、漳、泉等处海道。朱纨到职之后，令俞大猷报告他辖区内治安情况和对策。俞大猷报告说，他的辖区内汀、漳山谷地方有隐患之处有二：一是漳州府诏安县的白叶峒，一是汀州府武平县的挂坑悬绳寨。白叶峒距县城七十余里，为一群山环抱的险地。首恶陈荣玉率百余人占据此地，三年前曾外出劫掠漳州府和泉州府的一些地方。官兵追捕则退回原地，后来被该县去任知县招抚，有时海寇登岸，还调这些人进行抵御。但这些人本性难改，有时也到饶平县等地劫掠。俞大猷认为这伙人如果再不悔改，当加以剿除，但不能攻其巢穴，而应以调用为名，使其离开巢穴，用掩袭的办法消灭他。挂坑悬绳寨距武平四十里，首恶刘缘有徒党三百多人，前年乘饥荒出劫良民。因为他据险地，

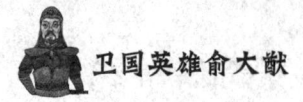
卫国英雄俞大猷

要公开进行剿除数千兵力也不够,只能采取掩袭的办法。

为对付这些隐患当事先准备的有三:一是练精兵以为先声,一是优待技能以劝勇敢,一是备器械以修实用。练精兵是针对当时军队老弱者多、精壮者少,所习之艺不实用的情况提出的。他提出选精壮之兵,教以实战之艺,将他们事先登名造册,需要时调发杀敌。优待技能以劝勇敢是要对选出的精壮之兵加以优恤,免除其杂役,使其能安心习艺。这是因为当时的士兵待遇低下,每日的工食银只有一分,只能够自己衣食之用,不能养家糊口,也不能专心致志地习艺。备器械是要准备实用的器械。当时的士兵所用的钩刀只有六七尺长,根本不实用。所以俞大猷提出短枪、钩刀杆粗要五六寸,长要一丈二尺,而长竹枪务必长三四丈,才能在实战中应用。其他弓矢、衣甲之类也要准备齐全。俞大猷的目的是要建立一支有实战能力的精兵,以应付可能发生的事变。

俞大猷认为漳州沿海地方应当预防发生事变之处,就是诏安县的梅岭。该村有林、田、傅三大姓,一千余户。男不耕,女不织,却过着食必粱肉、衣皆锦绮的生活。之所以能如此,是因为这里的人"通番接济,为盗行劫",但多年以来,官府对这种非法行径听之任之,莫之谁何。要解决该村的问题途径有二:一是将其内迁;一是设立机构,派人加以管理。不然的话,将后患无穷。

为了保卫沿海的安宁，俞大猷提出四项措施：第一，立保甲以为久安之谋。他强调指出："必缓治盗而急治民，略于外而严于内。"为此要实行"乡合之法"。具体的办法是："巡海道来驻漳州，令能干府官一员，亲诣沿海乡村，挨门报丁。十家为甲，甲有甲长；十甲为乡，乡有乡长。一家为非，罪连一甲；一甲为非，罪连一乡。一甲有难，一乡救之；一乡有难，邻乡救之。"负责的官员常年巡视，使这种"乡合之法"成为一种习俗，那么"一切通番接济坐地之徒，皆可渐除，一二年后，盗贼自然屏息矣"。

第二，急攻捕以捍目前之患。当时漳州府沿海没有常备的水军，海上有"盗贼"发生，要先报告省城。省城现募兵，现召船，等一切准备好了贼已遁去。俞大猷提出要预先准备好大福船和船长、战斗人员以及一切用具。一旦有"盗贼"发生，"朝有声息，夕发追捕；夕有声息，朝发追捕"，将敌人消灭。即使不能将其消灭，屡来屡追，"盗贼"也难以得逞。这就要求巡海道要常驻漳州，方能随时指挥。之所以如此是因为漳州人善于水战，在漳州建立一支常备水军完全可以制止福建沿海福、兴、泉三府的海盗。

第三，断港澳以防抛泊。诏安县的走马溪，两山如门，四时风不为患，是一个良好的港口。从东南亚各国来的船只，必到此停泊，以补充水米，然后北上往日本等地。反之从宁波南下的船只，

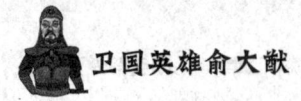

也需在此停泊,补充水米,才能继续南下往东南亚各国。因此也成了海寇必经之处。为防止海寇和人们通番,俞大猷提出用树桩置于港口的入口处,以御贼舟之抛泊。

第四,修墩台以备瞭望。明初在沿海建立了大量墩台,但日久废弛。为了事先发现敌人,以做好防御准备,俞大猷提出要恢复这些墩台。

这四项措施主要是两个方面,一是政治上实行"乡合之法",一是军事上建立常备水军。"乡合之法"就是保甲法。明代推行此法的要属王守仁。王守仁叫它为"十家牌法"。他说:"有司果能着实举行,不但盗贼可息,词讼可简,因是而修之,补其偏而救其弊,则赋役可均;因是而修之,连其伍而制其什,则外侮可御;因是而修之,警其薄而劝其厚,则风俗可淳;因是而修之,导以德而训以学,则礼乐可兴。"他还说,"此法一行,则不待调发,而处处皆兵;不待屯聚,而家家皆兵;不待蓄养,而人人皆兵。无馈运之劳,而粮饷足;无关隘之设,而守御固。"

明初,朱元璋就建立了一支水军,但还不能称其为常备军。因为那时的水军不过是陆军加舰船。而俞大猷要建立的这支水军是船、船长、水兵以及"一切合用之具,俱各预定明白",一有情况可以迅速行动的常备水军。这样一来就可以有效地扼制海盗,保卫沿海的安宁。当时如果坚持实行俞大猷的军政两手措施，恐怕就不会有五六年后的海盗与倭寇合流，也就不会有危害沿海十余年的倭患。

由于俞大猷在守备任上的突出业绩，巡抚朱纨等人纷纷上疏朝廷，推荐俞大猷。嘉靖二十六年（1547）十二月，明廷升俞大猷为广东都指挥使司军政佥书，署都指挥佥事。俞大猷由过去的都指挥体统行事成为名副其实的都指挥佥事，由过去的从四品升为从三品，这更有利于他发挥自己的才干。

俞大猷离开武平后，武平的百姓为他立了一座碑，以表达对他的感激之情。

第三节　抚新恩民

俞大猷由福建来到了广东。广东的新兴、恩平有谭元清等小股的盗贼数十伙，被称作"浪贼"，危害地方已有三年，屡招屡叛，当地有司难以制止。

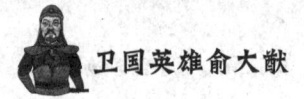

俞大猷认为,"治乱民之术有二:或选将征兵以芟夷之,或扬威积诚以化道之。"这就像名医看病一样,可以针对病症下攻药以去疾治病,也可以用温补之药,扶正补气,使邪气自退。对待新兴、恩平的乱民他决定采取后者。他写信给提督两广兼巡抚欧阳必进,明确提出了两点:第一,要先治"浪贼"。因为"浪贼"是吾治内之民,当治;因为"浪贼"十分严重,一县六都已居其半。第二,治"浪贼"的方法,不是动用大兵剿除,因为那样会玉石俱焚,伤及无辜,而是刊发告示,宣布威德,开诚谕之,言语谆谆。之所以采取抚谕的办法是因为他认为:"保妻子、顾身家之念,盗贼何尝无之?苟治之得道,安之得所,诚信以致其来,威武以制其背,日久则自信服。"

为了彻底根除"浪贼",俞大猷具体采取了如下几项措施:

第一,刊发告示,宣布威德。俞大猷连续发了三份布告,反复向作乱之人讲明利害,宣布朝廷的政策。指出,你们这些作乱之人流劫乡村,杀害良民,本当派兵剿除。但考虑到你们之中可能还有通晓义理之人,未经宣谕就兴师剪灭,不教而杀,恐失为残暴。现在宣布威令,允许你们向化自新,不咎既往。

第二,深入峒村,强民自卫。俞大猷自带饭食,单骑到各个乡村,编立保甲,教阅民兵,让他们立旗制枪,教他们战阵,使他们能自为战守。俞大猷对他们说:"良民是安分之人,盗贼是无赖之人。民、贼都是人,你们何必要怕贼呢?贼是从抢劫良民的财物获利,你们要能勇敢杀贼,获利更大。攻破贼巢其米布财物任你拿取,擒贼杀贼立功受赏,立即荣华富贵。妻子没有被戮辱之祸,家业没有被罄荡之灾,为何不同心起来与盗贼奋战呢?"在俞大猷的劝说和亲自组织下,良民振奋,很快就有两万余人愿同心灭贼。这样就在乡村形成一支扼制敌人的强大力量,使"浪贼"难以作乱。

第三,铲除首恶,安抚新民。俞大猷还带着很少的随从,走遍诸峒。峒贼拿着兵刃出来迎接。俞大猷对他们讲明利害,并教他们击剑。剑术劲捷,变化如神,峒人无不骇服。有一个叫苏青蛇的人,能格猛兽,为峒贼所推崇。俞大猷亲到他的住处,苏青蛇出门迎接。俞大猷召集诸峒酋,对他们讲:"苏青蛇久横界中,使你们丧失了做人的乐趣,而且要遭到战争祸患。你们与苏青蛇可以不爱惜自己的生命,你们的妻子怎么办?"众酋听罢哭泣着说:"惟公命是从。"俞大猷选出一个叫梁伯清的人,命他管理众酋。俞大猷令苏青蛇前边走,到集市上列数他的罪行,然后杀之。第二天,到何老猫峒,令其归还良民田数十顷。杀一儆百,峒贼头头,纷纷服罪。一些跟着跑的人也都改邪归正,卖刀买牛,回家种田。

对这些改过自新的人称作新民,俞大猷发给他们凭证,同他

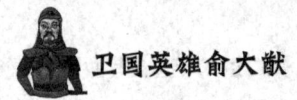

们约法三条。一、凡持此凭证者，乡夫打手无故擅杀之，偿命；二、新民再背叛者，决不再招，一定要穷追斩首；三、新民和良民杂居的地方，如有争端，许各指名告官，由官府公断。良民不许欺侮新民，新民也不许扰害良民。违者从重处究。

大猷在新兴、恩平只有几个月的时间，却走遍各个乡村徭峒。组织良民，教以战阵。抚谕乱民，谕以祸福。宣布威德，展示兵威。恩威并施，以抚为主。"与民更始，教敦睦，课农桑，劳来不怠。良民不畏贼，新民不畏兵，而二邑平矣"。

嘉靖二十八年（1549），经浙江巡抚朱纨推荐，朝廷任命俞大猷为福建备倭都指挥。四月，提督两广兼巡抚的欧阳必进，以安南入寇，钦州和廉州危急，其他将领又难以抵御，遂上奏朝廷说："原任广东都司佥书近改福建备倭都指挥俞大猷，谙习水军，智勇素著，今闽中稍靖，乞仍留本省，专驻钦、廉，以备防讨。"朝廷答应了欧阳必进的请求，俞大猷仍留在广东，职务未变，但要去钦州和廉州防御安南的入寇。

使者催促俞大猷前去钦、廉，而新兴、恩平的老百姓得知俞大猷要离开，数千人挡住道路。白发苍苍的老人抬走了俞大猷的轿子，使得俞大猷数日不能离去。他们说："暂且多留大人几日，也就能带给我们老百姓多几天的安宁日子呀！"因为督府催得很

第二章 ◎毛遂自荐做了守备

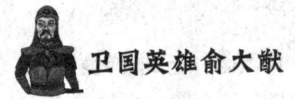

急,俞大猷只好夜半单骑从小路离去。百姓得知哭喊追奔,就像失去父母一样。

第四节 御安南寇

安南入寇是由其内部权位争斗引起的。嘉靖二十二年(1543),安南都统使莫登庸病死,由其孙莫福海(莫方瀛之子)继其职。嘉靖二十五年(1546)五月,莫福海卒,其子莫宏瀷只有5岁,大权落入莫登庸的义子、西宁侯阮敬之手。他有一个女儿,嫁给了莫方瀛的次子莫敬典,因与莫方瀛的妻子私通,遂掌握了军事大权。莫宏瀷嗣职后,他更加专权,并欲谋立其婿莫敬典为都统使。莫登庸的次子莫正中对阮敬的专权不满,避走都斋,他的同辈范子仪等也避居乡里。阮敬率军进逼都斋,要消灭莫正中等。莫正中、范子仪等抵抗失败。莫正中率全家100多人投奔钦州,范子仪则率残兵败卒逃到海东,立营于万宁春兰社等地。明廷收留了莫正中,给以优待并答应调查此事。但不久,范子仪诡称莫宏瀷已死,

第二章 ◎ 毛遂自荐做了守备

以接莫正中回国立为都统使为名进犯钦州、廉州。

接到抵御范子仪进犯的命令后，俞大猷得知当时明军正在集中陆兵，准备从陆路抗击。为此他提出三项措施：一是调用东莞的大乌船，其大者每只船上用佛狼机炮20门，中等船每只用12门，小船每只用8门；二是准备好火药、铅子，委派专人去买硝50担、磺10担、铅40担，不论大小船每船给硝30斤、磺6斤、铅20斤；三是准备好出海3个月用的柴、米、菜、盐、鱼等物品。要用水军歼灭来犯之敌。这些主张得到了巡抚欧阳必进的全力支持。

当俞大猷到廉州时，范子仪围攻正急。鉴于调集的明水军尚未到达，俞大猷采取了缓兵之策，派陈子萃、王仕擢到范子仪营下书。陈子萃等到敌营后说："我们是俞大将军派来下书的，如果范子仪悔过，亲到军门投降，便可以不用大军征剿，赦免你们数万人的性命，而且考虑你们提出的要求。如果不听劝告，一意孤行，到时大兵压境将你们尽数歼灭。"由陈子萃带去的文告指出，"莫正中来投奔，朝廷进行调查。调查孰顺孰逆明白之后，自然要进行处理。你们悖逆，军门本想兴师数万，消灭你们，只是由于莫正中哭诉说这是由于你们无知，你们才有今日。如果阮敬是篡臣，莫正中自有复仇之日。你们以接莫正中为名进攻朝廷就是犯上作乱，朝廷兴问罪之师首先是你范子仪，而后才是阮敬。

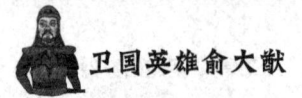

你们这样做反倒是害了莫正中,实在是不明智。"敌人理亏害怕,当晚散去。

嘉靖二十八年(1549)五月,俞大猷所调的水军到达,埋伏于冠头岭。范子仪以明军久无动静,又率众7000余人驾船210只,突入钦州的白勒港行劫。俞大猷督水兵绕出敌后,斩敌27人,尽夺其船。敌逃回者饿死、淹死无数。七月,敌人再度进犯,俞大猷从龙门率水陆军,太平府通判戴懋率其所部土兵,水陆并进,连日大战,追至新安、海东、云屯,大败敌人,生擒贼首范子流(范子仪弟)、范廷真等18人,徒党274人,斩首811人,夺船73只。贼被兵杀及连船冲破沉水者,不计其数。贼营40余间,火焚3日始尽。范子仪逃往安南内地,俞大猷移书莫宏瀷,命其搜捕范子仪,献其首于明。

俞大猷出征时,廉州守为之饯行,问俞大猷说:按照你的计谋打法,当于何日将敌歼灭?俞大猷回答说:"40天后,我将与你再次在此相会。"战斗的结束果如其言。

战后,俞大猷提出了防范安南再犯的永久性措施和防御办法。第一,收复失地,划清边界。俞大猷主张收复万宁、永安这些明朝故有土地,但不占领较远的新安。陆上以新安山为界,水上以帽山为界,禁止边界往来。安南纳贡和与明人交易往来,均通过镇南关。这样时间长了，双方就不会出现摩擦，范子仪之流以万安为基地，纠集永安之夷的进犯，就可以避免。第二，提出以水军抵御安南的入侵。他还提出要设大将、派重兵驻守华夷交界之地，以防敌之进犯的具体办法。

嘉靖二十九年（1550）三月，应提督两广、兵部右侍郎欧阳必进的请求，明廷增设琼州参将一职，不久俞大猷被任命为琼州府右参将，其职级为署都指挥使。参将，是分守一地的军事长官，位在总兵官之下。

在琼州时，俞大猷写了两篇文章：《论处黎长久之策》和《处黎》图说，提出了治理黎民的长久之策。概括起来主要有两点：一是黎民自己管理自己，二是实行促进黎民进步的措施。俞大猷身体力行，在一些官员的陪同下，"历遍各峒，备览形势，抚谕各黎，熟察其情"。他"与黎人约法。黎人争持牛酒劳公，图公像佛祠中，呼公为'俞佛'而祷焉"，受到黎民的极大尊重和爱戴。

嘉靖二十九年（1550）十月初一日，俞大猷升实授都指挥佥事（正三品）。从嘉靖二十三年（1544）三月任汀漳守备始，到嘉靖三十一年（1552年）七月止的八年多时间里，是俞大猷仕途顺利的时期，也是崭露头角的时期。他从千户升到参将，从署正千户（从五品）升到实授都指挥佥事（正三品），连升了五级。

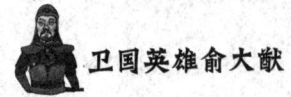 卫国英雄俞大猷

初步显示出了俞大猷的卓越才干。作战，他每战必胜，非一般武将所能比。战后，他总是筹划长治久安之策，政治远见又高于一般文臣。他深入民间，为民除害，深得民众爱戴。

第三章 抗倭逆境，挑战与机遇并存

第一节　走上抗倭前线

嘉靖三十一年（1552）四月，"漳、泉海贼勾引倭奴万余人，驾船千余艘，自浙江舟山、象山等处登岸，流劫台、温、宁、绍间，攻陷城塞，杀虏居民无数"，浙东大震。五月，倭寇分掠吴淞所、七鸦、崇明诸地，数日始去。在倭寇如此猖狂的情况下，七月十九日，给事中王国祯和御史朱瑞登接连上疏，请求复设都御史。吏部、兵部复议王国祯等的请求，嘉靖皇帝批准了吏、兵二部的意见，决定暂设巡视浙江兼管福、兴、漳、泉提督军务大臣一名，令吏部推举堪任者，星驰上任，督兵剿贼，并同意添设参将。

七月二十二日，命令下达，任命都察院右佥都御史王忬提督军务，巡视浙江，兼管福、兴、泉、漳地方。设分守浙、直参将各一员。任命琼崖参将署都指挥佥事俞大猷为温、台、宁、绍等处参将，中都留守司管操指挥佥事汤克宽为福、兴、泉、漳等处参将，俱听王忬节制。

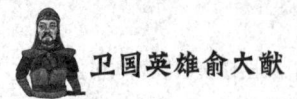
卫国英雄俞大猷

俞大猷直到十月初才知道这一任命。十一月他将走上抗倭的最前线——宁（宁波府，治今宁波）、绍（绍兴府，治今绍兴）、温（温州府，治今温州）、台（台州府，治今临海）。

倭寇是指中国人和朝鲜人对13世纪至16世纪侵扰和劫掠中国和朝鲜沿海，由日本的武士、浪人和奸商等组成的得到日本封建主支持和怂恿的海盗集团的称谓。明建国之初，倭寇就侵扰中国沿海，为抵御倭寇，明太祖朱元璋及其后继者在沿海建立了防御体系。永乐年间望海埚大捷后，倭寇有所收敛，但到了嘉靖年间，倭寇又猖獗起来，且大大超过了明初。

嘉靖二年（1523），日本西海道大内氏遣宗设率船2只，到宁波进行朝贡贸易。数日后，日本南海道细川氏遣瑞佐、宋素卿率船1只入贡。因宋素卿贿赂太监赖恩，虽后到反而先验货，宴席中也坐了上座，宗设大为不满，两位贡使及其随从发生激烈的冲突。宗设人多势众，杀瑞佐，毁嘉宾堂，劫东库，追宋素卿到绍兴。沿途烧杀劫掠，杀备倭都指挥刘锦、千户张镗、百户胡源，执指挥袁琎、百户刘恩，浙中为之震动，史称"争贡之役"。这之后，日本与中国的官方贸易基本断绝。

嘉靖中期后，倭寇日益猖獗。

嘉靖二十一年（1542），倭寇由瑞安至长沙，然后入台州，

第三章 ◎抗倭逆境，挑战与机遇并存

攻杭州。

嘉靖二十四年（1545），倭寇犯乍浦。

嘉靖二十六年（1547），海盗勾结倭寇巨船数十艘，驻泊于漳、泉海域，袭掠过往船只，引起沿海居民恐慌。该年十二月，侵犯宁波、台州，大肆杀掠，官军莫敢抵御。

倭寇、勾结倭寇的汉奸盘踞沿海岛屿，四出劫掠，而浙江、福建二省，"统兵不相上下，意复抵牾"，结果"军律不臧，贼得肆行无忌"。巡按御史杨九泽鉴于这种情况，于嘉靖二十六年（1547）六月，提出设置兼制福建、浙江二省巡抚重臣的建议。明廷采纳了他的建议，于同年七月任命巡抚南赣汀漳的左副都御史朱纨巡抚浙江兼管福建福、兴、建宁、漳、泉等处海道。二十七年（1548）又给朱纨以旗牌，使其具有便宜行事的大权。

朱纨到任以后，革渡船，严保甲，整顿军队，调整防御设施，加强沿海防御，同时进剿盘踞在沿海的倭寇、佛狼机人据点，先后取得了双屿和诏安等大捷，将这些强盗赶出了浙、闽沿海，取得了重大胜利。在此期间，他曾调俞大猷任福建备倭都指挥使。但这些行动侵害了闽、浙沿海奸商的利益。他们政治上的代言人造谣生非，极力诋毁朱纨的所作所为。

嘉靖二十七年（1548）七月，明廷改朱纨为浙江巡视，削弱

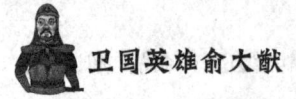

了他的权力。嘉靖二十八年（1549）四月，又对他做出了"罢职待勘"的决定。朱纨不堪逼迫，抱恨吞药自杀。朱纨死后，勾结倭寇的汉奸肆无忌惮，自嘉靖三十一年（1552）始，倭寇对沿海的劫掠更加猖獗。入寇中国的以日本的萨摩、肥后、长门三州之人居多，其次则大隅、筑前、筑后、博多、日向、摄摩、津州、纪伊、种岛，而丰前、丰后、和泉之人亦间有之，另外还有肥前、石见等州之人。

倭寇多为日本武士组成。明人郑晓说，倭寇，"喜盗、轻生、好杀，天性然也"，倭寇异常残暴。他们所过之地，男丁女妇为之劫掠，金银财物为之抢光，城镇房屋为之烧毁，甚至发掘坟墓求资赎尸。

嘉靖三十三年（1554），倭寇劫掠昆山县城，"孤城被围，凡四十五日，临城攻击，大小三十余战……被杀男女五百余人，被烧房屋二万余间，被发棺冢计四十余口。是皆就耳目之所睹记者言之。其各乡村落凡三百五十里，境内房屋十去八九，男妇十失五六"。福建兴化府（治今莆田市）多次遭到倭寇洗劫，最严重的要算嘉靖四十二年（1563）府城陷落的那次，城中一坊数十家，丧生者五六；一家数十人，丧生者七八。甚至有满门尽绝者，哭声连门，死尸塞路。故孤城之外，千里为虚，田野长草叶，市镇生荆棘。

第三章 ◎抗倭逆境，挑战与机遇并存

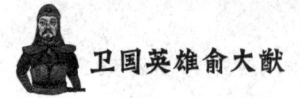

岂止是莆田,当时东南千里海滨同时告警,半壁河山几无宁土,广大沿海居民惨遭倭寇荼毒。

嘉靖年间倭寇之所以如此猖獗,原因归结起来有四:战国时代的日本,武士、浪人和海盗商人在一些封建主的支持和怂恿下疯狂地到中国沿海来劫掠;沿海海盗严重并与倭寇合流;朝政腐败,迫使民众从倭;明朝的海防废弛。

嘉靖年间,日本正值诸侯(大名)纷争的战国时代。1467年(明成化三年,日本应仁元年)因将军和管领诸家继承问题爆发了绵延11年的"应仁之乱"。战后京都半为焦土,室町幕府威信荡然,各地大名拥据武装,扩充势力,争夺领地,战乱不止,日本进入名副其实的战国时代(1467—1573)。诸侯们你争我伐的战乱延续了一百多年。诸侯们拥有自己的武装,有的还拥有"海贼"(海军)。在战乱中不断出现溃兵、败将、武士以及失去生产手段的浪人。有的地区临近中国,与中国有长期交往的历史。这些具有"杀人、劫财、强盗"习性的武士和"海贼"、浪人等纠集在一起,在大名的支持下,乘明朝军备废弛之机,来中国烧杀劫掠。大名们有利可图,当然就更加支持,倭寇也就越来越猖獗。

中国向来是日本对外贸易的国家之一。当时日本上下都需要中国货,诸如穿用的布匹、丝绸,日常用的瓷器、铁锅、针,食用的醋，各种药材、各种书籍、名字、名画以及交换用的古文钱等，价格十分昂贵。商人贩运中国货，获利在五六倍以上。正因如此，他们争相同中国贸易。但是在明初，由于日本的不轨行为，朱元璋断绝了来往，后来朱棣恢复了同日本的"勘合"贸易，但有所限制。嘉靖二年（1523）"争贡之役"后，与中国官方贸易基本断绝。在这种情况下，为了获取厚利，日本商人驾船载货出没中国沿海，一面进行贸易，一面进行劫掠，并与劫掠中国沿海的"海贼"、失业武士、浪人勾结起来，形成一股不小的势力。这是倭寇猖獗的根本原因。

奸民的勾结，特别是中国海盗与倭寇合流是明嘉靖年间倭患严重的重要原因。明朝中期经济进一步发展。随着经济发展，对外与日本及东南亚的贸易不断增长。一些日本的海盗商人来中国沿海进行贸易，同时伺机进行掠夺。明朝政府不得不进行禁止。而福建的一些"著姓宦族"依靠自己的权势，窝藏货物，庇护倭船，上通官府，下役官兵。当倭寇进行劫掠，他们则佯称不是与他们做买卖的，而是另一伙。当官兵出海擒获海盗船时，他们反栽赃于官军，而使"官军之毙于狱而破其家者，不知其几也"。官军无法禁止，形势日趋严重。朱纨整饬海防，他们就群起反对，勾结朝廷官员陷害朱纨，使朱纨深感"去外国盗易，去中国盗难，

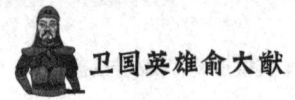

去中国濒海之盗犹易，去中国衣冠之盗尤难"。可见这股勾结倭寇的势力是何等猖獗。

勾结倭寇还有一股最强的势力就是海盗。明嘉靖年间沿海的海盗日趋严重。李光头、许栋、王直等是亦商亦盗，先以商为主，后来则演变为盗。李光头原名李贵，亦称李七，因秃顶，故号光头。许栋即许二，安徽歙县人。许栋、李光头与金纸老一起在东南沿海进行贸易，后来被官军擒捕，系狱于福建，越狱后走遁海上，嘉靖二十三年（1544）开始通倭。

王直，安徽歙县人，少落魄，有任侠气，及壮多智略，善施与，故人乐与之游。一时无赖若叶宗满、徐惟学（即徐碧溪）、谢和、方廷助等咸宗之。嘉靖十九年（1540），王直与叶宗满等造海舶，置硝黄、丝绵等违禁货物，抵日本、暹罗、西洋诸国往来贸易，五六年致富不赀。嘉靖二十三年（1544）入许栋伙，为许栋领哨马船。嘉靖二十七年（1548），许栋被朱纨所败，王直收许栋余部自做船主。嘉靖三十一年（1552），他吞并了海盗陈思盼，势力更大，成为海上唯一的盟主。

徐海也是安徽歙县人，少时进杭州虎跑寺削发为僧，号明山和尚。其叔徐惟学是海盗头目之一。嘉靖三十年（1551），徐海离寺投奔他叔叔，并同他叔一起东渡日本。势力仅次于王直。陈东和麻叶都是逃往日本的华人。陈东任萨摩岛主的兄弟部下为书记。他们导引肥前、筑前、丰后、和泉、博德、纪伊、萨摩诸倭人掠浙、直沿海。

这些人各有势力，相互勾结，有时又相互火并，其共同特点是勾结倭寇。自与倭寇勾结之后，他们再也不是海盗兼商人，而是地地道道的为虎作伥的汉奸。倭寇在这些海盗汉奸的勾结和帮助下，势力比明初要大得多，为患也严重得多。而且正是王直之流勾结倭寇，才使得中国为数不少的"小民"依附他们，壮大了倭寇的实力。

"小民"的依附是明嘉靖年间倭寇势力大的原因之一。明嘉靖中期，政治黑暗，权相专权。严嵩结党营私，聚敛民财。上下官吏贪污受贿成风，使得"士卒失所，百姓流离"。一些攀附严嵩的人，一旦得势无恶不作。因贿严嵩得宣大总兵职务的仇鸾贿赂俺答，使其进犯北京；严嵩义子赵文华祭海视军情，大纳贿赂，颠倒功罪，谗害抗倭将领。这就是为什么"江南海警，倭居十三，而中国叛逆居十七"的原因所在。正是由于这些"小民"的依附，使得倭寇"深入内境，道路之纡曲，民间之虚实，官府之动静，纤息必知"，而且给官军剿倭带来极大困难。

嘉靖年间倭寇猖獗还因为海防废弛，官军无能。明代的海防，

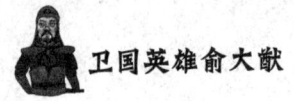

洪武年间已基本形成了完整的有一定纵深和层次的防御体系。永乐、宣德年间进一步完善了这一防御体系。正统、景泰年间，倭寇仍时有侵扰，所以朝廷有时还注意海防的整饬和建设，增置了一些海防设施和舰船。但天顺之后，沿海承平日久，明廷逐渐放松沿海防卫。到嘉靖年间，由于政治腐败，军备更加废弛，同内地和边防一样，卫所军卒多数逃亡，甚至有的"一卫不满千余，一所不满百余"。广东沿海廉州、雷州、神电、广海、南海、碣石、潮州等7卫，军卒缺额近七成，福建的镇海卫军卒缺额七成多。而"浙中卫所四十一，战船四百三十九，尺籍尽耗"。

沿海的水军一样缺额严重。嘉靖年间，战船所剩无几，军队缺额半数以上，所存士卒又都是老弱残疾不堪作战之辈，既不能防御倭寇于海上，使其不能登陆，又不能在陆上堵截围剿，将其消灭。海防形同虚设，倭寇一旦入侵如入无人之境，可以任意烧杀劫掠。

倭寇猖獗和当时国内的政治、军事状况，使俞大猷抗倭时，既在军事上遇到很大困难，又在政治上可能遭到陷害。

第二节　水战歼敌

俞大猷在抗倭战争中，先后向巡抚、总督提出了一套较为系统完整的御倭主张。

第一，主张海上歼敌。俞大猷认为，倭寇自海上而来，首先应御敌于海。主张设立多支游兵船只，伏于海内各岛，邀击大洋初至之敌。关键是要有战船，他说："大抵海战以船为急。"因为"海上之战无他术，大船胜小船，大铳胜小铳，多船胜寡船，多铳胜寡铳而已"。要多募船或造船。而福建的船、兵最适于对敌。

第二，主张防守河港。他说："窃以倭奴入寇，由海岸登劫其患小，由河港深入其患大，防御之方在握其机而已。"因此要在河港之处多设兵船，敌来即击，以防其深入河港。

第三，注重海岸防守。在沿海岸边，略有避风的澳分，设兵船一支，以防倭寇登劫海岸。

第四，整搠河船，防敌于内河。俞大猷指出："苏、松、嘉、

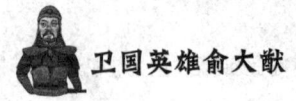

杭、湖内地,水港交错,委宜多造战船,以御倭寇。……如已完备,即可防守。"

第五,主张御城镇。固守沿海城镇,使敌不得内侵。

第六,强调练兵。俞大猷指出:"有兵不练与无兵同,精兵不练与弱兵同,练兵不熟与不练同。驱不练之兵以与贼从事,此则万战而万北。"有了素练之兵,才能战胜敌人。

俞大猷提出的御海洋、御河港、御海岸、御内河、御城镇的海防防御方略,是"水陆俱备,内外互援",而其最大的特点是强调水上防御,包括海洋、河港和内河。他以御海洋为"急务",为"上策",认为"防倭征调陆兵,已尽天下之选,卒未见有奇效,若用陆兵所费之半而用之于海,则倭患可以渐息"。从这点出发,他认为"水兵急于陆兵",主张大力发展海军。一是令水军驻扎于倭寇入侵必经的岛屿,如陈钱、马迹、丁兴、长涂、衢山、羊山、普陀、马墓,形成梯次防御体系,"来则攻之,去则追之,屡来屡攻,屡去屡追,何患倭寇之不灭乎";一是令水军驻扎于河港,防敌进入内河;一是令水军在内河防守,一旦敌人进入内河就将其消灭。这种在水上设置多层次防线的最大好处就是不等敌人登岸就将其消灭,有效地保卫内地百姓的安全。

俞大猷提出了海陆配合,内河与内陆配合,军队与渔民配合,以御海洋为主的有纵深、多层次的海防防御方略。这是当时最为全面的方略，有其深远的意义。《筹海图编》是筹划沿海防务的兵书，辑录了当时文臣武将关于海防防御方略，但只是御海洋、固海岸、严城守，虽然也是有层次、有纵深的防御方略，但没有俞大猷的防御方略全面。俞大猷的防御方略有的是向当时巡抚和总督提出的建议，有的是向朝廷的上疏，对当时的御倭战争有直接的指导意义。如果当时朝廷完全按照他的防御方略去做，至少沿海不会受到那么多的摧残，御倭战争也不会持续得那么久。如果御海洋形成传统，对后来防御敌人从海上的入侵就不会一败再败。

俞大猷当时为宁、绍、温、台参将。但他是从抗倭的全局着眼，提出抗倭的战略问题。这表明俞大猷是具有全局战略头脑的杰出将领。

嘉靖三十一年（1552），勾结倭寇最大的海盗头目王直盘踞在烈港。嘉靖三十二年（1553）闰三月，明军准备进攻烈港。烈港地形比较曲折，潮涨时水流向东，潮退时水则西流，两头我船皆可进，彼船也皆可退。根据这种形势，王忬令俞大猷和汤克宽分为二哨，俞大猷由列表门进，以当其前，汤克宽由西后门进，以防其逃。令敌人难以逃脱。俞大猷于初六督兵船出港，初七后

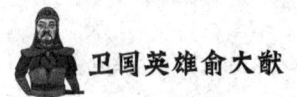
卫国英雄俞大猷

泊于金塘岛的木澳，与贼巢只隔一山。初十，侦察发现敌人在往船上装货，整理帆具，由此判断敌人要逃跑。俞大猷招募对金塘岛的山势道路十分熟悉的侯得等人，潜入敌营，约定十一日举火为号，发起攻击。十一日晨四鼓，侯得等纵火，顿时敌营烟焰蔽天。俞大猷率船队乘涨潮发起进攻。八桨船的勇士将敌人的外栏篾缆砍断，苍山船的勇士将敌人的哨马船冲倒，大兵船则直取贼船。敌人在这突如其来的打击下，很快溃败，奔山下海者数百人。王直之船败得更惨。士兵准备跳帮，但此时风大水急，船被水流冲离敌船，接着飓风大作，船几覆没。十二日，俞大猷率船至岛杆山，敌人已经逃遁。此战攻破敌巢，歼灭部分敌人，但因天气恶劣，没有歼灭王直。王直逃往马迹潭。

闰三月二十九日，贼攻破昌国卫，屯扎五日，俞大猷以舟师攻之，敌遁去。

四月十四日，汤克宽进攻马迹潭的王直，大破贼巢，王直逃往南直隶地区。俞大猷又追击敌人，再败之。王直只剩下百余人，逃往日本。

四月二十四日，倭寇攻陷临山，俞大猷和都指挥刘恩至追击敌人，大败之，俘斩300多人。

五月，倭寇攻新河所，俞大猷在海上败敌，俘斩甚多。

八月，直隶的倭寇败走普陀，据险为巢，掘堑自卫。俞大猷督官兵进攻。二十二日夜，自石牛港进，张设疑兵，整顿队伍，但并不与之正面交战，而是派奇兵由西北巡检岙直入。百户邓城，武举火斌、黎俊民率先冲锋，敌人败走茶山绝顶。第二天，四面齐进，将敌彻底歼灭。

八月二十六日，巡按御史赵炳然录上倭寇侵犯浙江地方，失事诸臣罪状，认为参将汤克宽、俞大猷、海道副使李文进，俱有斩寇功，可以赎罪。但朝廷下诏还是"大猷夺俸，与文进俱戴罪剿贼"。这是俞大猷在抗倭战争中第一次受到惩处。十月，巡抚都御史王忬上言，官兵追逐倭寇，焚毁其船55艘，擒斩700余人，海警暂息，有人提出请求恢复俞大猷等的俸禄。朝廷答应了这一请求。

嘉靖三十三年（1554）三月，俞大猷进攻普陀山的倭寇受挫，武举火斌等300人战死，为此俞大猷受到"戴罪立功"的处分。四月，俞大猷在吴淞所大败倭寇。当时贼船入吴淞江的有16艘，俞大猷击沉11艘，斩首254级。朝廷撤销了对他的处分并给予奖励。

十一月，俞大猷率典史吴成器于绍兴柯桥村击破倭寇200多人。

俞大猷"嘉靖三十二年及三十三年，督水陆官兵，在于松门、

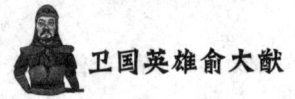

普陀、烈港、昌国、临山、观海、柯桥等处海洋地方,陆续擒斩倭贼共一千余人,其余沉水者不计"。嘉靖三十三年(1554),俞大猷在《与王遵岩书》中说:"生今春有事于普陀,适逢天变,为贼所挫。然今岁入寇之倭,殆有万余,而生所守浙东四府,绝不敢犯。"俞大猷作为分守宁、绍、温、台等处地方左参将,保卫了当地人民的生命财产,保卫了当地的山山水水,这是了不起的功绩。

第三节　王江泾大捷

嘉靖三十三年(1554)五月,明廷命南京兵部尚书张经"不妨原务兼都察院右副都御史总督南直隶、浙江、山东、两广、福建等处军务"。张经(1492—1555),字廷彝,号半洲,初姓蔡,后复张,侯官人。正德十二年(1517)进士。授嘉兴知县。历任吏科给事中、户科都给事中等职。嘉靖十六年(1537)任兵部右侍郎,总督两广军务。嘉靖三十二年(1553)任南京户部尚书,后改兵部。在倭寇日益猖獗的情况下，明廷有人主张以广西、湖广的狼土兵助攻倭寇。因张经曾任两广总督，在狼土兵中有一定的威望，就推任他总督沿海军务。嘉靖三十三年（1554）十月，俞大猷升为提督直隶金山等处地方海防副总兵。俞大猷离开了浙江，浙江民众请求其把衣冠留下作为纪念，并为其立生祠。

俞大猷到职后，进一步向张经阐述他的御倭方略和战法，强调御倭于海洋，御倭于河港，御倭于内河。当时倭寇已经侵入内地，并建立了三个巢穴：老鹳嘴、七八团和柘林。针对如何剿除这些巢穴之敌，俞大猷提出："今日之计，宜固守沿海孤城，其次拒贼使不得内侵，又次驱贼下海，又次大兵征剿也。"他分析了敌情，认为老鹳嘴、七八团之敌向来不内侵是因为黄浦兵船居其前，南汇强兵在其右，怕巢穴不保。而柘林之贼之所以屡屡内侵，则是因为青村、金山没有强兵，内侵没有后顾之忧。柘林地处青村、金山之间。如果青村、金山驻有重兵，贼必有所顾忌，而不敢分兵内侵。但青村无水，难以屯兵。今发乡兵2000人守青村东北的南汇，发客兵2000人入守金山，黄浦兵船亦颇齐集。我兵与贼交错屯扎，互相疑忌，贼虽强悍，如果入侵内地，难道不怕我兵捣其巢穴吗？但在俞大猷看来这还不够，他建议南汇再拨所募的乡兵增守，而金山应该将松江守备王柱兵拨去增守，并把浙江

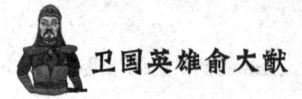
卫国英雄俞大猷

近调到的1000名漳兵发乍浦屯驻，以增强金山之势。黄浦港的兵船还比较单弱，应该调宝山外海的沙船前来添守。黄浦兵船以船为营，金山、南汇之兵以城为营，利则出战，不利则守，敌人怎敢入侵？敌人既不敢内侵，必然要出海逃走。如果他迟留不退，我兵渐渐集结，就有可能将其彻底歼灭。

关于战法，俞大猷主张先得胜算，功收万全。他指出两广用兵，敌有二三千，必用汉土兵数万人，因此每次大攻无不成功。现在柘林等地有贼不下2万，必有强兵10万，围而攻之，才能取得万全之胜。如果用现在的有限兵力，再加上四五千狼兵就想进攻，那就像以肉投虎，不用打就知必败。因此兵威未振，不可轻动。在这种情况下，最好的办法是"莫若修内防以为守，若不修内防以为守，徒用力于进剿而不能取胜，而又益之以新贼，其祸将无涯矣"。

俞大猷还向张经提出练兵的问题。他主张陆兵调到之日，团聚教练，使就纪律，然后再分发各地方防守。所调之兵即使是素称精勇的，也应该选一贤能将官，严立纪律，加以训练。使各兵自己知道如何而进，如何而退，如何而分，如何而合，平原旷野如何，羊肠锯齿如何，我欲设伏击贼应该怎样，遇到敌人设伏又应该怎样，真如身使臂、臂使指。那种认为贼人可以设伏诱我的观点是不对的，是不懂古兵法。不加训练，先战而后求胜，其结果岂待作战那天才知必败呢？

当时明廷正在调各地陆兵，准备对盘踞在柘林和川沙的倭寇进行围剿。

嘉靖三十四年（1555）三月初一，调来的狼兵到苏州，共6800余人，其中田州官妇瓦氏与其孙岑大寿、岑大禄所统头目钟南、黄仁等兵共4100余人，归州土目黄虎仁等领兵862人，南丹州官弟莫昆、莫从舜等领兵550名，那地州土目罗堂等领兵590名，东兰州土目岑褐等领名750名。初五，张经命白泫专统领田州瓦氏兵，邹继芳统领归州、南丹、那地、东兰兵。二将率领狼兵至松江，张经命瓦氏兵隶属于俞大猷驻金山，为捣柘林倭巢西路；南丹、那地、东兰兵隶属于邹继芳驻闵行，为捣巢北路；以归顺兵及招募的思恩兵、广东东莞打手隶属于汤克宽，屯驻乍浦，为捣巢西路右哨。三路兵成掎角之势，等待保靖、永顺兵的到来。

四月初七，工部侍郎赵文华至松江祭奠海神。赵文华曾于二月上疏言备倭七事：祭海神，降德音，增水军，募余力，察贼情，差田赋，遣视师。当时兵部尚书聂豹认为，张经已督理海防，不宜再遣重臣。昏聩的皇帝朱厚熜竟认为聂豹无能，而给予降俸二级的处分。经礼部复议决定派大臣祭海神。内阁首辅严嵩推荐赵

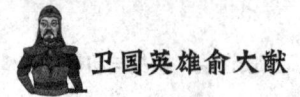

文华充任。赵文华是严嵩的党羽,以阿谀奉承严嵩为能事。他到松江之后,即催促张经立即进剿盘踞于柘林和川沙的倭寇。张经召俞大猷进行商量,坚持持重用兵的俞大猷当然不会同意,于是二人都认为等永顺、保靖兵到后,合力歼敌。赵文华催促再三,张经终以便宜之权,不听。于是赵文华上疏朝廷,诬告张经"养寇縻财,屡失进兵机宜"。

四月十七日,永顺宣慰司官舍彭翼南、保靖宣慰使彭荩臣各统土兵3000及致仕宣慰彭明辅、官生彭守中等报效兵2000人到达松江。这时调来的狼土兵至少已有1.4万余人。张经准备四月二十一日进剿倭巢。盘踞于柘林的徐海探知此消息,一方面收缩兵力,将屯驻于老鹳嘴的倭寇并入柘林;一方面派兵四出,以牵制明军。四月十九日,柘林倭寇3000余人攻金山卫,俞大猷督游击白泫及田州瓦氏兵击敌,先胜后败,倭寇窜入浙江,经乍浦、海盐,北犯嘉兴。总督张经命卢镗督保靖兵援嘉兴。四月二十五日,海盐发兵尾追进犯嘉兴之敌,卢镗督保靖兵出嘉兴城南,两军夹击敌于石塘湾,斩获数百名。倭寇向北流窜,企图进犯苏州。总督张经命俞大猷督永顺兵由泖湖间道趋平望,令汤克宽率舟师从中击之。四月二十九日,倭寇到达平望,受到俞大猷所督的永顺宣慰司彭翼南兵迎头痛击,大败,被斩首200余级。倭寇回窜王江泾。五月初一,当倭寇窜回至王江泾地区时,卢镗所督的保靖兵在南面截击,俞大猷所督的永顺兵在北面追击,汤克宽的水师从中路进击,形成三面包围之势。战斗开始,卢镗部的丁仅父子首先英勇冲击,其他部队也一齐拥上奋战,四面围攻,大获全胜,歼敌 1980 余人,焚溺死者无算,倭寇只剩下几百人逃回柘林。这是倭患以来明军取得的最大一次胜利。

这次胜利实际是由俞大猷所督永顺兵首先歼敌所致。王江泾大捷不仅歼敌近 2000 人,消灭了敌人的有生力量,更重要的在于振奋了人心,使人们认识到倭寇是可以打败的。但战争结束后,由于赵文华的诬告,朱厚熜于五月十六日下令逮捕张经和汤克宽,六月押解到京师。张经虽上疏自辩,但终无用,十月二十九日被杀。

第四节　逆境中奋战

张经入狱后,明朝政府五月十六日以周珫代替他的职务。周珫在职 34 天,于六月十九日又被赵文华弹劾去职,而以杨宜代之。

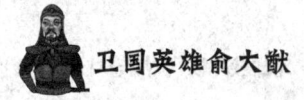
卫国英雄俞大猷

尽管杨宜尽力奉承赵文华，半年之后还是被罢官。赵文华建议由胡宗宪继任。胡宗宪（1512—1565），字汝贞，号默林，绩溪人。嘉靖十七年（1538）进士，历任益都、余姚知县，按察御史，嘉靖三十三年（1554）巡按浙江。赵文华督察军务，胡宗宪即依附之。张经督军取得王江泾大捷，赵文华归功于胡宗宪。嘉靖三十四年（1555）六月十九日，赵文华劾罢李天宠，胡宗宪被任命为浙江巡抚。嘉靖三十五年（1556）二月二十九日，升胡宗宪为兵部左侍郎兼都察院左佥都御史，代杨宜总督军务。

俞大猷在王江泾大捷的战役中，两次大败倭寇，先是于嘉靖三十四年（1555）四月二十九日，在平望地方斩首200余级，后又于五月初一在秋母亭斩首160余级。但战后由于赵文华向朝廷报告说这次胜利是胡宗宪投毒所致，俞大猷的功劳全被抹煞。

不仅如此，五月十七日，明廷根据浙福提督都御史李天宠参奏，以金山卫的失败为由，给俞大猷以"夺职，充为事官，戴罪杀贼"的处分，俞大猷的都指挥佥事的职级被剥夺了。

这对俞大猷是一个很大的打击，但他并没有因此而颓废，在给薛南塘的信中说："自有天地国家以来，许多贤人君子、志士仁人，居此位，遭此厄。生于此等义理，得诸君讲论有素，平生未尝少负，敢于今日有负哉？生受地方重寄，不能设策灭寇，坐

第三章 ◎抗倭逆境，挑战与机遇并存

以重罪，何说之辞？幸主上圣明，不即加诛，容令自赎，则报国未尽之心，平生未行之志，犹不自此遂已，岂敢悻悻然自弃沟壑，付天下事于必不可成哉？"俞大猷还要尽报国之心，实现平生之志。

俞大猷继续带兵歼敌。五月二十二日，就是朝廷给他处分后的第五天，俞大猷和任环率官兵进击陆泾坝之敌，斩首270余级，焚贼舟30余艘。当时柘林倭1000余人，流突李塔汇，历张庄、小昆山趋泖湖而北，在土兵的追击下进入苏州东的陆泾坝。俞大猷将河船布伏在河中。敌抬船渡坝，将完全渡过之时，俞大猷指挥军队猛击，大败敌人。这是俞大猷整搠河船，击敌于内河的结果。战后他叹息说："此吾独创内防之策，惜向者王公不用也。"六月十一日，俞大猷率舟师击出海的三丈浦倭寇，斩首130多级，冲沉贼船7艘，倭遁往三板沙。六月十五日，原犯浙江的倭寇还侵吴江，参将任环和俞大猷督水陆官兵邀击于莺豆湖、平望等处，斩首79级，生擒5人。六月十七日，三板沙贼抢民船出洋，俞大猷和任环率舟师追击至马迹山，擒倭首滩舍卖等57人，斩首93级。七月二十一日，江南金泾、许浦、白茆港诸倭乘船出海，俞大猷督把总刘堂等率舟师出海追至茶山，纵火焚其船5艘，余贼走马迹山、三板沙。俞大猷督水师再追击，坏其3船，共斩首67级，生擒42人。八月初九日，柘林倭贼乘船出海，俞大猷和佥事董邦

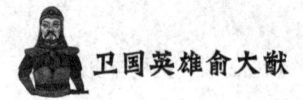
卫国英雄俞大猷

政各率所部水兵分头击贼，斩首70多级，获贼船9艘。

杨宜任总督后，俞大猷虽被夺职，仍进一步向他阐述御倭方略和防御部署。俞大猷还对嘉靖三十五年（1556）南直隶防守的兵力部署，提出了具体方案：

第一，守之于海。在陈钱山，马迹、丁兴、羊山、许山，吴淞江口，刘家河，崇明港各设兵船一哨。每哨约用福船十三四只，苍山船10只，沙船20只。这是海防的首务。

第二，防守沿海。自金山至吴淞江二三百里一带没有港口可以泊船，故用陆兵防守又是最重要的。必用兵3万，南汇、青村、金山、上海、松江、苏州各驻兵5000人。一旦有敌情通报，或于敌登岸之处，或于要害之区，令我兵先处战地以待之，敌来则击，定能百战百胜。

第三，守于内河。倭寇入侵必抢内地船只，水陆并进，故以水兵战船防守内河又是最为急迫的。为此，上海县地方用苍山船40只、沙船50只，华亭县地方用鹰船40只、三橹等船200只，分布各港口防守及往来巡哨。斜塘桥用鹰船10只、三橹等船20只防守。吴江的圣墩用鹰船15只、三橹等船100只防守。苏州之六金坝用鹰船15只、三橹等船100只防守。

第四，守于内湖。倭寇曾深入太湖，劫掠洞庭山，获得大利。

倭寇来岁进犯必至太湖，因此要加强太湖防守。湖内原有万罟大船，须事先做好准备15只，战棚、火药、器械和勇兵之类，一应俱全。另外鹰船和三橹船也要准备好临时取用。平望的英德湖是倭寇深入浙、直必经之要路。必须预备好大白粮船和军粮船二三十只，搭好战棚，火药、器械、兵勇齐备并准备好三橹船，以进行防守。

第五，守于内地。直隶的防守松江为最，苏州次之，常、镇则又次之。但在苏、松防守严密的情况下，要防备有一二倭船自江而入，进掠常州和镇江。因此要预先在常州驻守劲兵一支，进行防御。一旦有事，苏、松之兵要进行策应。

这体现了俞大猷的防御思想，那就是守之于海洋，守之于沿岸，守之于沿海，守之于内河，守之于内湖，守之于内地，多层次大纵深的防御体系。这一防御体系是严密的，无隙可乘的，给入侵的倭寇布下了天罗地网。

但要落实这一防御部署必须做好准备。准备之一是舰船。御之于海洋首先是要有船。当时部署在陈钱等地的5支船队就需要福船80只，而当时只有30只，且大多破损不堪，需要修理，还缺50只需去福建打造。太湖的万罟船以及取用的大白粮船和军粮船需搭战棚和准备好火药、器械。内河用的鹰船和三橹船二者应相互配合。

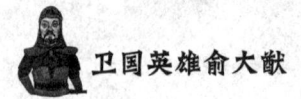

准备之二是调兵。倭寇强悍,长于陆战。要想在陆战中歼灭来犯的倭寇,必须调用湖广土兵,而且在战法上要先处战地以待敌。

准备之三是设将。青村、南汇、金山三城孤悬海边。倭寇入侵首先就攻这三城。青村、南汇各设把总调度指挥,金山也应仿照青村、南汇之例,添设把总一员或闲住都司守备官一员调度防守。

一个被夺职的副总兵依然为消灭倭寇这样地尽心尽力,实在是令人钦佩。

但俞大猷的连连获胜和用兵良谋,换来的不是朝廷的赞扬和赏赐,而是更为严厉的处分。嘉靖三十四年(1555)十一月初五,应天巡抚曹邦辅上疏朝廷说,川沙洼之贼已有40余艘,后续到来的不断,而副总兵俞大猷、把总刘堂拥兵观望,任贼聚集,请究治其罪。皇上的批示是,俞大猷纵贼,应该逮捕惩治。半年前,俞大猷被夺去了都指挥佥事的职级,这次又被革去了百户的祖职。他真的成了一个普通的百姓,只是还让他为朝廷卖命,任他为副总兵。俞大猷是以平倭为己任的,说他拥兵观望,纵贼聚集,恐难令人信服。当时总督杨宜就讲:"猷虽专职海战,其实取用陆地,不得出海。曹老先生以此罪之,难服其心,莫如以陆战之事论之。"实际俞大猷受惩处的根本原因是得罪了当时的权相严嵩。在倭寇以柘林为巢时,俞大猷曾论柘林用兵十难。有人将这篇论述送给

第三章 ◎抗倭逆境，挑战与机遇并存

了内阁大学士徐阶。严嵩得知后，因俞大猷没有先送给他而心存恨意。赵文华监军，为讨得他干爹严嵩的欢心，想方设法陷害俞大猷。

张经被杀之后，倭寇又猖狂起来，处处报警，处处失利。有的人把失利的责任都归罪于俞大猷。朝中一些主持正义的大臣说："俞帅一身，岂能在海复在陆哉？"严嵩要派人逮捕俞大猷，一些正直的大臣对严嵩说："俞帅自为将，所将兵俱漳人，漳人受其抚掯久矣。今遽召之，漳人必有不安之心。不如先散漳人，而后可收俞帅也。"当时谁也不敢得罪一手遮天的严嵩，只能以此搪塞，但总算保住了俞大猷。俞大猷明知位高权重的严嵩要迫害自己，但他把保国安民看作自己的本分，尽心去做，而把得失穷达、是非毁誉看作身外之物，只要问心无愧，秉公处事，意志就不会有任何动摇。

他同以往一样，奋力击敌。嘉靖三十四年（1555）闰十一月初二夜，周浦等倭寇因官兵攻围日急，向北逃窜。统领川兵的游击曹克新邀击，斩首130余级。余贼入川沙洼贼巢。四川、山东兵日夜准备伺机进攻，贼乃焚巢乘舟出海。俞大猷和兵备王崇古合兵入洋追击敌人，至老鹳嘴，斩首170余级，生擒47人，冲毁贼巨舟8艘。

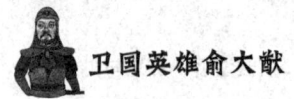
卫国英雄俞大猷

嘉靖三十四年(1555)十二月,赵文华借川兵和俞大猷获得胜利之机,上疏请求回京。但赵文华回京之后,"败报踵至"。一些大臣纷纷上言抗倭,说俞大猷具有抗倭之才。嘉靖三十五年(1556)三月,兵部奉旨复议九卿科道官条陈的防倭事宜,认为:"海上将官惟卢镗、俞大猷可用,宜贳罪还职,责其后功。"皇上同意了兵部的意见,于是任命俞大猷为镇守浙直总兵官,卢镗为协守副总兵。俞大猷虽然当了总兵官,但是"以事官推用"的,祖职没有恢复。这对他依然是不公正的。

但俞大猷并不计较。他一方面上疏朝廷,阐述他的御倭之策,一方面继续奋力歼敌。嘉靖三十五年(1556)四、五、六、七月,在吴淞江口、营前沙、茶山等处他督把总刘堂、指挥邓城、镇抚邵应魁共擒斩贼900余人。其中在吴淞江口,俞大猷设伏斩贼350人,沉贼船13艘。而四月,倭寇犯直隶西庵、沈庄、清水洼,俞大猷和苏松海防佥事董邦政率兵击之,斩350余人。因为有此战的胜利,朝廷在五月恢复了俞大猷的祖职。

嘉靖三十五年(1556)八月,俞大猷参加了消灭勾结倭寇的第二号海盗头目徐海的战斗。

嘉靖三十五年(1556)五月,朝廷任命赵文华为右副都御史,提督浙直军务。赵文华到职后,因不懂军事而依靠胡宗宪。早在赵文华第一次来浙时，胡宗宪就和他商定用招抚王直的办法解决倭寇的侵袭。为此，一方面将王直的家属从金华的狱中放出，厚礼相待；另一方面，于嘉靖三十四年（1555）九月，派蒋洲、陈可愿为正副使，去日本见王直。

当时，王直据日本平户，遣其党羽徐海、陈东、麻叶等勾结倭寇劫掠沿海。但连年入侵，倭寇也受到相当的损失，有的竟"全岛无一归者"，对王直的埋怨情绪在增长，同时俞大猷等抗倭将领给其以很大打击，也使他处于困难境地，加上部下因分赃不均，矛盾重重。因此，当蒋洲等人于嘉靖三十四年（1555）十一月到王直处，持他家属的信件，讲到他家属已受优待，劝他归附时，他表示如能免罪，同日本通贡开市，可以归附。但他并不放心，留下蒋洲，派遣他的义子王㵧（毛海峰）和从子王汝贤随陈可愿回来商议归附条件。

这时徐海、陈东、麻叶已经勾结萨摩、大隅倭寇分四路入侵：一路由海门入掠扬州，东控京口；一路由松江入掠上海；一路由定海入掠慈溪；一路由徐海自领直逼乍浦。前三路各数千人，而徐海部有万余人。由定海入侵的倭寇于嘉靖三十五年（1556）四月十一日攻入慈溪，杀乡官副使王镕、知府钱涣等，大掠而去。四月十六日，由海门入侵的倭寇3000人攻镇江、瓜洲、仪真，

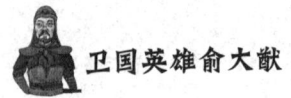 卫国英雄俞大猷

流劫至圌山，犯无为州。同知齐恩率舟师迎战，斩敌百余，但后来遇伏，齐恩及其家丁钱凤等21人战死。倭寇又至金山，杀锁江千户沈宗玉、王世臣于江中，百户戚继爵战死。四月十八日，由定海侵入的倭寇再攻慈溪，省祭官杜槐及其父杜文明坚决抵抗，斩敌数百，后来相继战死。四月十八日，徐海自领的倭寇万余人进至浙江皂林等处，欲攻杭州。二十日，游击将军宗礼及其裨将霍贯道御敌于崇德三星桥，三战三捷，斩敌300余人。徐海畏惧，称其为"神兵"。当宗礼与敌人大战时，提督阮鹗退保桐乡。宗礼等因弹尽粮绝，最后战死。徐海遂于二十三日进围桐乡。当时总督胡宗宪在崇德，听到宗礼遇害，倭寇围攻桐乡，害怕倭寇围攻崇德，只得跑回杭州。

坐镇桐乡的阮鹗亲自督战，坚决抵抗，尽管倭寇死命攻城，桐乡依然如故。胡宗宪调兵增援以解桐乡之围，"四面环贼，远者二三十里，近者十余里而阵"，但都"逡巡惶怖，不敢逼"。胡宗宪无可奈何，遂用招抚之法。他让随王激来的通事童华给徐海写信，由朱尚礼持信到徐海处劝其归附。徐海要与童华面议，中书罗龙文遂与童华一起前往，劝徐海归附，撤桐乡围。徐海见王直已归附，自己又被宗礼等重创，桐乡久围不克，心中有所波动，就推托说："兵三路进，不由我一人。"而胡宗宪派来的童华等

对徐海说："陈东已有他约，所虑独公耳。"于是徐海怀疑陈东已经投降，遂派人到胡宗宪处索取财物，表示归附。胡宗宪如其所请，徐海释放了掳去的二三百人，解除了对桐乡的包围。陈东见徐海撤围，又知徐海处有胡宗宪的使者，对徐海也产生怀疑，于徐海撤围的第二天五月二十二日，撤围桐乡，屯驻乍浦，准备出走。胡宗宪使反间计对徐海说：你既然归附，"而吴淞江方面有贼，何不击之以立功，且掠其舸，为缓急计"。于是徐海击朱泾之倭，斩首30余级，其余倭寇夜逃。当时俞大猷伏兵海上，遮击逃倭，几乎全歼。徐海没有得到船只，心中恐怖，遂遣其弟徐洪到胡宗宪处为质，并献上所戴的飞鱼冠、坚甲、名剑和其他玩物。胡宗宪表面上厚待徐洪，暗中派遣间谍暗示徐海如果生擒陈东、麻叶，就可以得到世袭官爵。徐海本与麻叶有矛盾，又有世袭官爵可图，遂擒获麻叶，献给胡宗宪。胡宗宪又让麻叶写信给陈东，鼓动其攻打徐海，但将此信送给徐海。徐海看信后，感激胡宗宪的恩遇，对陈东更加仇视。胡宗宪又收买了徐海的两位爱妾翠翘、绿珠，让她们劝说徐海擒拿陈东。徐海果然用计擒获陈东，送给胡宗宪。麻叶、陈东相继被擒，倭寇内部混乱不堪，对徐海的怀疑和埋怨情绪越来越大，人心涣散。这时徐海感到即使能回到日本，也要被其他倭寇所杀，遂决心归附。胡宗宪又对他讲："我当然

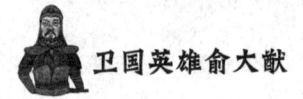
卫国英雄俞大猷

可以宽恕你,但尚书赵文华大人认为你罪大恶极,不会宽恕你的。要想得到宽恕,你就要斩杀倭寇立功。"徐海不得已,遂令乍浦贼出巢,约官军击之,斩获数十百人。

这时,徐海以为有功,于八月初一日到平湖见胡宗宪。胡宗宪没有立即扣留他,而让他"择便地居之"。徐海部驻扎在东沈庄,而陈东余部驻扎在西沈庄。胡宗宪令陈东给其余部写信,说徐海要消灭他们。陈东余部于是与徐海部相互攻击。徐海虽表示归附,但仍有疑心,其部仍四出劫掠,加之朝廷催剿,胡宗宪命永保土兵和直隶、山东、容美等兵四面包围,进攻徐海。八月二十日发起攻击。"俞大猷从海盐进攻东沈庄,破之。又追击于梁庄,会大风,纵火,诸军鼓噪乘之,贼大溃斩获一千六百余级。"至二十五日,徐海无路可走,溺水死,余寇也被歼灭。

歼灭徐海是胡宗宪谴用间谍和俞大猷的军事打击共同作用的结果。俞大猷对歼灭徐海的贡献有二:一是歼灭逃倭,使徐海掠船的意图落空,无路可逃;一是以军队直接歼灭徐海的人马,逼使其投水而死。

嘉靖三十五年(1556)十一月,以海寇徐海平,明廷升俞大猷署都督佥事(从二品)。

嘉靖三十五年(1556)九月,一股倭寇侵犯龙山,俞大猷和宁、绍、台、参将戚继光与倭寇作战，三战三捷。倭寇逃往缙云，俞大猷和戚继光又追敌至缙云再败之。此次参战的还有台州知府谭纶。这次作战不仅赢得了胜利，更重要的是俞大猷与谭纶、戚继光首次会面，三人同心御倭，开始建立起真挚的友谊。谭纶（1520—1577），字子理，号二华，江西宜黄人。嘉靖二十三年（1544）进士。嘉靖三十年（1551），任兵部主事，第二年升任南京兵部署员外郎。倭寇乱起，他自荐招募壮士500人，击退转掠南京的倭寇，自此以知兵闻于朝。嘉靖三十四年（1555），任台州知府，募台州壮士千人，操练成精锐。嘉靖三十七年（1558），升任浙江按察司副使。嘉靖四十二年（1563），任福建巡抚。隆庆二年（1568），任蓟辽总督。隆庆五年（1571），升兵部尚书。他比俞大猷小17岁，但在很长一段时间里一直是俞大猷的上司。他深知且敬重俞大猷，也给他很多帮助。戚继光（1528—1588），字符敬，号南塘，晚号孟诸，山东蓬莱人。万历十一年（1583），任广东总兵官。他比俞大猷小25岁，曾向他学过剑法，得到过他的帮助，在军事思想上也受俞大猷的影响。他们在抗倭战争中，志同道合，密切合作，成为亲密的朋友。

嘉靖三十五年（1556）十二月，俞大猷歼灭舟山倭寇。徐海被歼后，浙、直的倭患基本平息，只是舟山的倭寇据险结巢，明

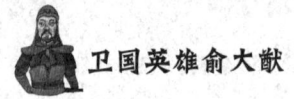

军围攻而不能取胜。这时总督胡宗宪将刚到的麻寮、桑植二司的杀手九百人调给俞大猷,令其进攻舟山之敌。十二月二十日夜,天降大雪,俞大猷督官兵和桑麻兵四面进攻倭巢。倭寇精锐尽出,拼死抵挡明军,杀土官莫翁送,激起明军更加猛烈的进攻。倭寇抵挡不住,逃回老巢,拥栅自固。俞大猷则令明军积薪草,用火攻。倭寇被烧得四处逃散,诸军共斩首140余级,其余均被烧死,救出被掳的男女100余人。倭寇被全歼。

嘉靖三十六年(1557)三月,以平舟山倭寇功绩,进俞大猷为署都督同知(正二品)。

第五节　身陷囹圄

王直所派遣的王澈、王汝贤、叶宗满等到宁波后,胡宗宪待之如上宾。当时有百余人的小股倭寇盘踞在舟山,叶宗满协助官军剿除之,胡宗宪大加赏赐。当徐海等入寇的消息传来后,胡宗宪又让协助歼灭之。因为徐海是他们的主要力量,又想尽快同王直商量，王漱就推托说："这不是我能办的事，必须我父亲来才可以。"然后，留下王汝贤等，同叶宗满一起返回平户。胡宗宪用计歼灭了徐海等，对王汝贤却厚礼相待，并不断对将吏士民讲："王直不是反贼。"同时，将王直畏惧的俞大猷调往金山，代之以过去和王漱有过交往的卢镗，继续进行招抚。王漱回到平户，说明胡宗宪的招抚诚意。王直欲接其家属，又盘算着即使不成，依靠徐海等势力依然可以雄踞倭岛。于是决定亲自前来，于嘉靖三十六年（1557）十月初到达形胜地岑港。

王直到达后，胡宗宪即上疏朝廷。嘉靖帝命令胡宗宪："可相机设谋擒剿，不许疏虞。"胡宗宪得旨后秘而不宣。俞大猷和王方湖主张用兵攻打王直，胡宗宪认为"因而诱之，乃得万全"。俞大猷接受了这种主张，但还是多方部署兵力，防备王直逃跑，同时准备将其歼灭。他向胡宗宪建议对盘踞形胜地岑港的王直"更番以攻之，密布以困之，俟其出而围击之"。为了防其逃遁，他先是请求发兵船至马墓，然后又亲督广船和福船至岑港两头屯泊，以防其逃遁。并向胡宗宪建议，将定海总的福船和苍山船分为5支：一支泊长支，一支泊石牛港，一支泊舟山渡头，一支泊马墓港，一支泊列港，以并力夹击敌人。胡宗宪亲自到宁波，调参将戚继光、张四维等率领军队扼守水陆要害。

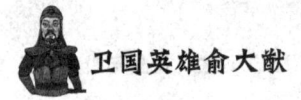

王直见明军戒备森严，一方面，"日聚群倭，砺兵刃，伐竹木，为开市计，且索母妻子弟，求官封"；另一方面，派王溦见胡宗宪。王溦见胡宗宪后质问："我们是来接受招抚的，大人为什么聚集了如此多的军队来对付我们？"胡宗宪多方劝慰，王直始终有疑虑，不肯相见。胡宗宪只好让王直的长子写血书，陈述其祖母之意，说明胡宗宪对他们家恩重如山，要他早日归顺，"以全母子之情"。此书由王直的表兄方大忠和夏正携带着前去见王直。方大忠、夏正多方解释，王直开始动摇。同时，制造诸军欲进剿而胡宗宪阻止，挽救王直的假象给王溦、叶宗满看。王溦等把这种假象告诉王直。胡宗宪还派童华、邵岳等往来游说，并做出发兵进剿的姿态。王直见周围明军甚众，又得知徐海等已被歼灭，孤立无援，迫不得已，遂决定亲自见胡宗宪，但又以岑港军无人统辖为由，要王溦回港，以作退路。王溦回岑港后又加以劝说，王直才于嘉靖三十六年（1557）十一月，进谒胡宗宪。胡宗宪确实要赦免王直，以宾礼相待，"使指挥为其馆主，给舆夫出入，复出蔬米酒肉供馈其舟人，日费数百金"。王直暗中用黄金贿赂严嵩父子，希望得到指挥使的官职，胡宗宪也上疏朝廷，求赦免他。但由于浙江巡按御史王本固等官僚的反对和当时人们指责胡宗宪受王直重贿的压力，胡宗宪才不得不追回他要赦免王直的上疏，并于嘉靖三十七年（1558）正月二十五日把王直交给浙江按察司。嘉靖三十八年（1559）十二月，斩王直于杭州。

王直被歼之后，盘踞岑港的王激杀人质，率700人声称要为王直报仇，在岑港积极植列木栅，构筑寨堡，堵塞道路，只留北面一条小路，并四出劫掠粮草，以便持久盘踞，气焰十分嚣张。而朝廷令胡宗宪悉剿余党，于是胡宗宪组织了一次较大规模的战役——岑港之役。

嘉靖三十七年（1558）二月，胡宗宪决定水陆联合作战，数路进剿，消灭盘踞岑港之敌。具体部署是兵分五路：

水师分两路：一路由把总任锦、指挥甘述宗等率领，配置于岑港水道的南口；另一路由都指挥李泾、指挥张天杰等率领，配置于岑港水道的北口，堵击敌人；而以总兵俞大猷等率福船并叭喇唬、八桨等船往来策应。

陆兵分三路：由指挥杨伯桥等率领镇溪、麻寮等兵3500人，由右路（北路）碇齿向岑港北面进攻；由指挥周官等率领大刺土兵千人左右，由中路（东路）小河岭向岑港东面进攻；由参将戚继光率所部3000人，由左路（南路）小岭向岑港南面进攻，而以指挥杨永昌、卢锜、鲍尚瑾、方升，通判吴成器等各率所部为机动兵力，分别策应各路，同时以参政王询、刘焘，副使陈元珂

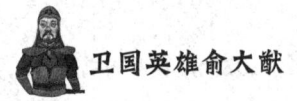

等负责监督。各部按照部署到达作战地域。整个战场的指挥由总督府的中军都司负责。

嘉靖三十七年（1558）三月，战斗开始。首先是都指挥使戴冲霄以火器攻击敌人，给敌人以重大杀伤，接着陆路各路发起猛攻。北路首先突破，杀伤敌人颇多，战士踏着敌人的尸体，很快突入敌阵，迫使一部分敌人逃到船上。但是中路和南路没有与北路同时冲入敌人阵地，使北路处于孤军深入的态势。而敌人正是抓住这个时机，火器齐发，逃到船上的倭寇重新登陆，抄北路军队的侧后。北陆军队的后哨遭此突然袭击，被迫后退，其冲在前边的部队四面受敌也不得不往回冲。这样明军的第一次进攻便告失败。

戚继光的南路军队隶属其时间较短，训练不足，战斗力不强，所以没有及时冲入敌阵。

到四月，情况发生了变化。明军几次进攻无效，新倭又至，戚继光遂被调往温州剿倭，其余明军也改变了原先多路强攻的打法，而采取围困与截援并举的作战方略。当时胡宗宪认为："惟坐困，不忧不全胜也。"于是，他一面令陆兵对敌进行封锁，一面派人到敌巢散其胁从，使敌人更加孤立。同时为防止新来的倭寇与岑港之倭会合，派张四维等率兵船在海上堵追敌人。但所有这些都收效不大。围困，由于明军并没有形成严密的包围圈，敌人仍然可以四出劫掠；堵截新倭与岑港之敌会合，尽管歼灭了部分敌人，但仍有一部分与岑港之敌会合了。在围困效果不大，朝廷又多次催其尽快灭敌的情况下，胡宗宪继续增调兵力，加紧围剿。但"贼依山阻水，列栅自卫，火器颇多"，明军冲锋部队损失很大。胡宗宪不得不再次改变打法，令部队逼近敌巢建立阵地，规定了哨探、伏击敌人和相互应援的办法，然后组织部队轮番进攻，以消耗敌人的火药，挫伤敌人的锐气，但仍然效果不大。胡宗宪又让随王直来的朝贡倭僧进入倭巢进行离间，使敌人互相攻击，明军趁势进攻，敌人遂放弃岑港而奔柯梅。岑港之役遂告结束。

嘉靖三十七年（1558）七月，明廷以岑港倭寇未平，"诏夺总兵俞大猷、参将戚继光、把总刘英职级，期一月内荡平，如过限无功，各逮系至京问"。俞大猷署都督同知的职级被剥夺了。但严格说来，俞大猷和戚继光有点冤枉，特别是俞大猷虽为总兵但并不负责整个战役的指挥，对陆战没有取得战果不应负责。戚继光虽然有一定的责任，但并未参加整个战役，其间他在温州剿倭有一定成绩。

嘉靖三十七年（1558）七月初二，盘踞在岑港的王直余孽逃往柯梅，俞大猷立即组织参将刘显、戚继光、张四维和督司戴冲霄等率部将敌人包围，轮番进攻，各有擒斩。敌人穷困，准备逃跑。

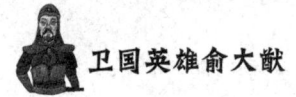

俞大猷即根据胡宗宪的指示,陆路催督刘显截杀,水路催督张四维等督兵船准备剿杀。十月,谭纶拨福船10只、苍船10只,福船每只预给米100石、银100两,苍船预给米50石、银50两,足够数月之用,交给张四维督领。预计敌人逃跑必经大木坑澳,令张四维率兵船埋伏在那里,等其逃跑时截追。十一月十四日,王直余孽果然驾舟从柯梅出逃。俞大猷亲自率舟师追至沈家门,沉其一舟。本想继续追击,但考虑到身为浙直总兵,保卫浙直是自己的责任,不能没有军门的号令而放弃己任,擅自到福建去。因为没有军门的命令,没有准备远征的水米,当时北风正劲,南下追敌,何时能回,很难预料。而且春天即将到来,要准备防御春汛到来的敌人。所以他只令预有准备的张四维率兵船追敌。张四维追至福建俞山,擒贼2名,斩首14级,因阻风,第二年四月才回到浙江。由此可见,之所以未追敌责任不在俞大猷而在胡宗宪。

王直余孽到了福建自然是成了祸害,胡宗宪以福建巡按有本弹劾他,于是在嘉靖三十八年(1559)三月,上疏朝廷,把放跑敌人的罪过强加在俞大猷的身上,以逃避自己的罪责。嘉靖帝见到奏疏后勃然大怒,命巡按御史逮捕俞大猷和参将黎鹏举来京讯治,同时再夺俞大猷的世荫。

俞大猷被逮捕的消息传开,士民军校工旅奔走相问,哀叹之声遍于城镇村落，无不为之不平和惋惜。俞大猷是个廉官，当时身上不满百金，海道副使谭纶檄郡中，将俞大猷在位时的供应金千余，尽数筹集交给了俞大猷，使俞大猷得以成行。一些士大夫和富人得知此事争相馈赠，史际一人竟赠500金。至京城，俞大猷身上已有数千金。在当时的历史环境下，这对俞大猷摆脱困境是至关重要的。俞大猷的夫人住宁波，临走前俞大猷把夫人托付给友人李杜，而挚友谭纶也做了妥善安置。俞大猷对谭纶的关照感激不尽，在给他的信中说："我公垂爱至情，不畏嫌少避，不因时易心，他日当国家大事，卓有定守，终始不渝，于此可见。此身不复生还，俞氏子孙尚当世世讲之。万一君恩犹许再效犬马余力，其效报门下，决不肯多让古人也。"患难知真情。谭纶在俞大猷遭到打击时，不是落井下石，而是全力相助，实乃难能可贵。他们的友谊经住了患难的考验。

俞大猷的被逮入诏狱是抗击倭寇的重大损失。从嘉靖三十一年（1552）至三十八年（1559）的七年左右时间里，俞大猷指挥军队与倭寇大小数十战，歼敌四五千人。抗倭战争的每一次重大胜利，都有他的参与，浙直沿海的每一片土地、每一海域都留下了他的足迹。他提出了御海洋、御河港、御内河的抗击倭寇的方略，并亲履波涛，历尽艰险，在茫茫的大海中，一次又一次歼灭来犯

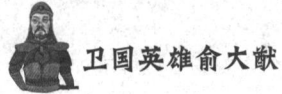

的倭寇，保卫了祖国的领海和人民。他是我国历史上难得的水军统帅。他离开抗倭前线后，再也找不到像他这样能在海上沉重打击倭寇的将领，海防失去了重要的海上屏障。人们不得不艰难地主要依靠陆战来歼灭入侵的倭寇。

第四章 匠心营造的车兵创奇功

第四章 ◎匠心营造的车兵创奇功

第一节 走向边塞

嘉靖三十八年（1559）四月十九日一大早，俞大猷青衣布袜，头上系着手帕，腰上结着裙子，来到绍兴巡按御史的衙门报到。周巡按令其到省城听候吩咐。当时押解俞大猷的三位差人想为他饯行，俞大猷婉言拒绝。就在去京师的路上，俞大猷得知因后来福建的巡按并未有本弹劾胡宗宪，胡宗宪对参奏俞大猷甚为后悔，并写信给严世蕃，请求准许俞大猷到北方边境立功。朝廷一些重臣也都在议论准许俞大猷立功。杨博、李文进也写信给朝廷，力保俞大猷。俞大猷写信给李文进，指出今秋边防蓟镇为急，请他写信恳请杨博再写信给严世蕃，将其取至军中立功。并且指出，当时的边防只有训练一支精兵，等到敌人进犯，出奇击之，使其大败而退，以后不敢再来。他在给李文进的一封信中还对宣大边防提出自己的看法。主张从宣大约24万的兵力中选15万，大征鞑靼，使其大创。此一征之后，可以得数十年之安。但朝臣不会

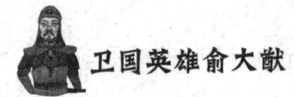

同意，那就只有采取坚壁清野的办法，"招集流民，许给荒田，不科粮税，团筑营堡，多备器械，各自为守。使贼至，野无所掠，堡不能攻，空骑而退，亦救时之一策"。已被逮捕的俞大猷还挂念着国家的边防，这是何等胸怀！

　　大约在七月间，俞大猷来到京师。掌锦衣卫的陆炳权倾天下。他拿出千金送给严嵩，为俞大猷求情。清晨五鼓，陆炳来到严嵩家。守门人进去好久，严世蕃才出来，揉着眼睛，打着哈欠，对陆炳说："你来得怎么这样早啊？我还在睡呢。"陆炳又说："我已经数夜没有睡觉了。我焚香卜筮，说今天早上见太师、侍郎，必定能答应我的请求。"严世蕃说："你为谁而来？"陆炳说："我是为俞帅而来。"严世蕃说："你何必要庇护俞帅呢？俞帅徒有其名，违反节制，轻视政府，厚交徐阶而不与我们父子，是为何？"陆炳说："俞帅知道错了，开始之所以写信给徐阶是因为徐阶是松江人，他所讲的是松江事。现在他自知得罪太师，不好解脱，所以托我向太师、侍郎说明情况。"陆炳是皇帝信任的人，权势甚重，严氏也想同他交往，经他一说，严世蕃心中对俞大猷的刁难已有缓解。接着严嵩也接见了陆炳。听了陆炳的解释，严嵩表示高兴。陆炳出来后，忙让俞大猷去见严世蕃，严世蕃也让俞大猷谢陆炳。

　　第二天，陆炳再到严府，"八拜数十，顿首而起"，严嵩父子为之所动,答应了他的请求。当时朝中另有好多大臣都同情俞大猷并想方设法要搭救他。他们都是直接管罪犯的官员,但对俞大猷这个罪犯则给予同情和关照。俞大猷头发蓬乱、光脚站立在狱门外,御史们都来慰问他,对他说:"公之功高,明主所知,必从宽贷。即有不测,我台官当不畏诛谴,为上言之。"当时的大学士徐阶不仅出钱,更出了不少力。俞大猷自己上疏,请求皇上辨明下情,允许其将功赎过。

皇上看了俞大猷的奏疏,也对他产生怜悯之情。当时朝廷对他比较熟悉的一些大臣,如内阁大学士徐阶、工部尚书欧阳必进、兵部尚书杨博、都御史周延、刑部尚书郑晓、掌锦衣卫的陆炳、刑部侍郎赵大佑以及卢勋、刘采等都向朝廷建议让俞大猷去边防立功,就是平时与他不熟悉的大臣也都附和徐阶等的倡议。经过这多方努力,朝廷终于下令,命俞大猷塞上立功。

俞大猷很希望到边塞去,因为那里是他大展宏图的好去处。他在给戚继光和谭纶写信时说:"丈夫生世,欲与一代豪杰争品色,宜安于东南;欲与千古之豪杰争品色,宜在于西北。"他不止一次地表示要到边防去效力,以了平生、报知己。这次发其到大同立功,可谓遂其所愿。

当时大同巡抚李文进与俞大猷是故交,他深知俞大猷的才干。

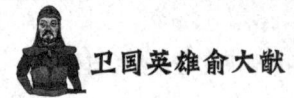

得知俞大猷到来,他放下兵书专候,亲自出门迎接。见到后,他高兴地对俞大猷说:"微胡公之论,吾岂得与公复见与此哉?"二人天天议论如何御虏的问题,十分默契。

嘉靖三十九年(1560)二月,朝廷以平王直功,诏"大猷、冲霄、继光等八员,俱准赎罪录用"。这样俞大猷、戚继光等可以任职了。大约在俞大猷已确定边防立功而又未到大同之前,兵部尚书杨博令俞大猷备开练兵事宜。于是俞大猷就阐述了他关于练兵等的主张。

练兵,首先是选兵。俞大猷认为选兵应该选双目有神,力能举200斤以上,年龄在20至30岁之间之人。这样训练才可以有成效。

选好兵后首先是练技艺。俞大猷说:"教兵之法练胆为先,练胆之法习艺为先。艺精则胆壮,胆壮则兵强。"可见习艺不仅仅是练杀敌的本领,更重要的是练胆,只有胆壮的兵才是强兵。而且技艺本身也有着深刻的内涵,它"有虚有实,有阳有阴,有起有伏,有后人发先人至之形,有致人而不致于人之巧,有一二势而变出千百势,有百千势而归于一二势,有一二言包括之而有余,有百千言形容之而不尽",奥妙精深。

练兵可以先选数百人,给予优厚的待遇,进行训练,待有成效之后，可以多选多练。

练兵不仅练艺，还要练阵法。俞大猷认为，"阵队之法，即一人所习之法也。一人之斗有五体焉，身为中，二手二足为左右前后。五者变化不可胜用矣。引而伸之，触类而长之，五人，五十人，以至于五万、五十万人之斗，同一法也"。

练就的精锐步兵是可以破敌骑兵的。俞大猷说："以步兵胜虏，自古而然。"李存勖以骑兵列于前，步兵为后冲，解幽州之围，擒斩以万计。岳飞以斩马刀破拐子马。这都是步兵胜骑兵的战例。

但步兵胜敌骑兵是有条件的，"只可出奇以袭虏，不可深入以致困"。李陵横行匈奴，用荆楚步卒五千人，最后全军覆没，投降敌人，就是过于深入敌境的结果。在敌众我寡的情况下，要堂堂正正地和敌人两阵相对，想取得胜利是困难的。必须采取奇袭的办法，"或据山险以邀之，或乘惰归以击之，或昏夜以搅乱之，或列车以阻止之，而后从而冲之，则无有不破者矣"。但过去九边之兵与敌骑兵作战，使用环刀和骨朵则是一种弊病。环刀是单手使用的兵器。敌人在马上以环刀砍来，明军在马下也以环刀仰首抵御，彼高我下，万万不能取胜。骨朵头上没有寸铁，怎能伤人？俞大猷认为这两种兵器不能用，而要用割来也便、扎去也便的钩镰，上可叉人、下可叉马的虎叉以及砍人也可、扎人也可的龙刀枪。

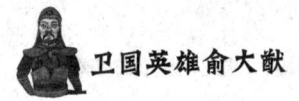
卫国英雄俞大猷

这三种兵器柄长只有七八尺,杀入敌阵便于运转厮杀,是同虏格斗的好兵器。另外,左手执圆牌,右手执环刀,滚杀虏马,也是明军所擅长的。

蓟镇和宣大应各练精兵数千人,乘虏骑深入而大破之。京师也应急选数千之兵,在大校场进行教练。在南方水陆之兵俱应训练。

俞大猷还提出以战车破敌的主张。阐述了战车的形制和编制。每步兵10人,兼以马兵20人,战车一乘兵10人以上,共40人为一队。这就是车步骑队。战车的作用是"一则前拒,一则治力,一则束步伍"。这些是他后来练车兵的雏形。

嘉靖三十九年(1560)七月,在李文进、俞大猷的谋划下,大同总兵刘汉、参将王孟夏袭击板升,大获成功。

板升是叛逃至鞑靼的丘富、赵全、李自馨等的居住地。丘富等本是白莲教的首领,后叛逃至鞑靼,在丰州西南一块水草肥美的地方定居下来,筑城池,盖宫殿,开良田数千顷。鞑靼称此地为板升。板升就是城。丘富等人教鞑靼人制钩竿、攻城堡之法,诱导俺答内犯。内地深受其害。

这时俺答率众西掠已有两年,丰州只有鞑靼千余人保卫其老幼。到了夏天,鞑靼人不耐暑,徙居大青山口外避暑,而丘富等未走。趁此时机,总兵官刘汉与巡抚李文进、俞大猷谋划,彻底消灭这股势力，为民除害。他们命参将王孟夏、麻禄，游击徐钦，把总捕儿害、葛柰，守备刘本经等53员将领，率3000精兵进袭。总兵刘汉和副总兵赵苛，参将孙吴、郑晓等以重兵分3哨出边，在玉林溢扎营，为后继。王孟夏等夤夜疾驰，拂晓到达丰州，迅速发起攻击，斩首83级，生擒67人，焚毁其宫殿、居室，夺获牛马骆驼百余只，夷器无算。丘富当时随鞑靼北徙，赵全和李自馨落荒而逃，只抓到李自馨的弟弟李自桥及其母胡氏。明军撤回时，鞑靼骑兵追来。明军分哨迭战，且战且退，后与策应的大营会合，敌人见明军兵众，遂退去。

明军这次袭击来回共五天，是一次成功的奇袭。证明了俞大猷出奇袭虏的主张是正确的。七月，朝廷奖励有功人员，俞大猷得以恢复祖荫。但他的职务没有解决。俞大猷和戚继光同时获准录用，戚继光当月就被任命为台金严参将，而俞大猷一直没有职务。

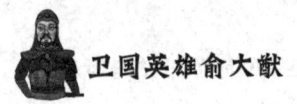
卫国英雄俞大猷

第二节 以车御敌

俞大猷早在嘉靖二十二年（1543）的《上宣大军门侍郎联峰翟公书》中，就提出抗击鞑靼要"矛车御其冲突"的问题。嘉靖二十七年（1548），俞大猷在两广时也曾用过战车，颇有成效。嘉靖三十八年（1559）冬，他应兵部尚书杨博之命写《兵略对》时，阐述了战车的形制和编制。在这之后，他不仅同李文进详细考察历代战车，取其优点进行试制，而且同李遂、谭纶也以通信的方式进行讨论。他还以寸代尺制成车样，派人送给谭纶，请其制成大车，令人推运试验，指出如何更改。经过这样反复的酝酿试验，俞大猷制造出新的战车。

这种战车为独轮车（见下页图），车轮直径四尺六寸，车轮两旁各施大木一股，长一丈二尺，前有一大横木，长六尺，并有两小横木，上装大枪头4件、大佛狼机炮1件、挨牌2件，大木中横3小木，以便人推挽。全车加上武器装备共重不满300斤，以 16 人分班推挽，就是遇上崎岖道路、上下山堑，皆可指挥如意，不至于壅滞。

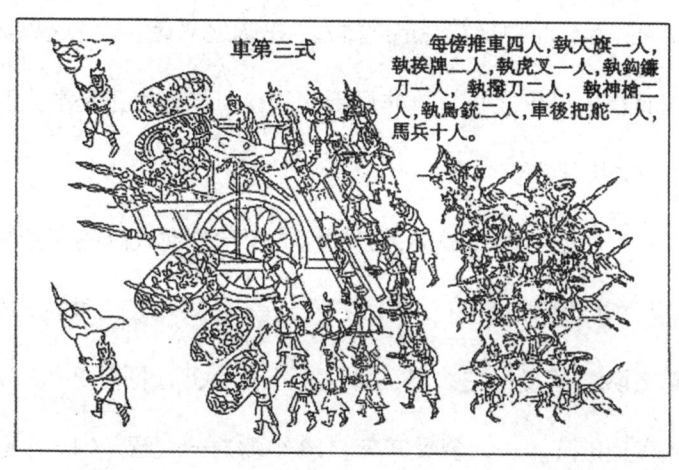

一车用兵 50 人为一队，其中大旗手 2 名，牌手 4 名，叉手 2 名，钩镰手 2 名，拨刀手 4 名，共 14 名。他们的职责是习精自己手中的兵器，在车的两旁，遇敌出车前，冲锋破阵，而不管推车之事。鸟铳手 4 名，神枪手 4 名，佛狼机炮手并提铳手 4 名，短拨刀手 4 名，共 16 名。他们的责任是分两班推车、守车以及用火器等击敌。另马兵 10 名，以备追逐。管队 2 人，1 人督冲锋兵破敌，1 人掌舵及督兵守车。4 人给马一匹，以驮行李和备用的环刀、弓矢等。这样一队之中有 3 个兵种：步兵、车兵和骑兵。俞大猷说："猷反复思之，不运马隆之战车，参以李陵之步卒，而时出卫将军之纵骑，未易破虏，以慰圣心。……必有战车，有步卒，

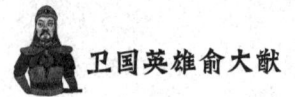

有纵骑，乃以全取胜之策。"他还说，"兵法谓：'车胜马，马胜步。'盖步兵技专击刺，而马有践踏之势，故步不如马。车则能御马之践踏，而中又有铳炮之雄器、击刺之精兵、追逐之马兵，是一车而兼乎马步之长，故非马所能敌也。"这也正是俞大猷制造兵车的原因所在。

单独1车是不能作战的，必须组成车营。俞大猷的车营编制是13队为1小营，其中1队为中军，另12队以地支命名，即从子队到亥队。营设千总1员，总管全小营事务，把总2员，1人督冲锋官兵破阵，一人督兵守车。13小营为一大营，内一小营为中军，另12营也是以地支命名，即从子小营到亥小营。全营总统以参将一员。

从上述来看，车营实为车步骑合营，是以车为载体、以车为屏蔽的火器兵、骑兵和步兵的合成营。1小营有车13辆，大佛郎机炮13架，鸟铳52支，神枪52杆，人员共549名，其中马兵130名。一大营有车169辆，火器1521件，其中大佛郎机炮169架，鸟铳676支，神枪676杆，人员7138名，其中马兵1690人。这样一个大营，因有车作为屏蔽，敌骑无法冲击；因有众多的火器，会给敌以重大打击；因有骑兵，可以追击溃败的敌人。总之，是我能制敌，敌无术制我，故每战必胜。

第四章 ◎ 匠心营造的车兵创奇功

车营组成之后，还不能作战，因为没有训练，士兵还不懂技术和战术。俞大猷一向强调训练。他认为："有兵不练与无兵同，精兵不练与弱兵同，练兵不熟与不练同。驱不练之兵，以与贼从事，此则万战而万北，岂待战之日而后知。"俞大猷的练兵是从练技艺开始的。而就冷兵器而言，首先是习棍法，即以木棍习手足攻击之法。他说："用棍如读'四书'，分习牌、叉、旗、枪等手，如各习一经。'四书'之理既明，'六经'之理亦明也。"所以棍法是基础，有了这个基础，其他各种兵器的技艺就容易学了。为了便于士兵学习，俞大猷编了棍法的总诀歌："阴阳要转，两手要直；前脚要屈，后脚要直；一砍一挑，浑身着力；砍后即凿，破房无敌。"棍法的学习大约要用两个月的时间。在初通棍法的基础上，要根据士兵不同的身体状况，授习以不同的兵器。"择其足之便利者为牌手，力之强者为大旗手、为叉手，手之便利者为钩镰及长拨刀手，其余为鸟铳、神枪、短拨刀手。"再训练两个月的时间，他们就能掌握击敌之法了。但要使士兵有勇知方，仅训练技艺是不够的，还必须"悬赏以鼓舞之，行罚以督责之，明节制以整齐之，申礼义以化导之"，即用赏罚、节制和礼义来督促、管理和教育士兵，使这支部队真正成为有纪律、听指挥、能征善战的节制之师。

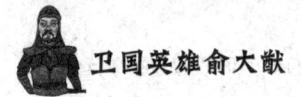
卫国英雄俞大猷

在单兵训练的基础上,要进行战术训练。俞大猷的战术,无论是步兵还是车兵,都是叠战战术。以一小营为例(见下图)。一小营分十三队,平时的阵势基本是方阵,分五列,第一列三队:子、丑、寅,第二列两队:辰、卯,与第一列交错站立;第三列三队:巳、中军和午,与第二列交错站立;第四列两队:申、未,与第三队交错站立;第五队:酉、戌、亥,与第四队交错站立。战斗开始后,第三列的巳、午二队前行,与第二列的卯、辰二队并列,四队前出至第一列的子、丑、寅三队之前,每队放大小铳三个。这可以称作第一个战斗波次。第五列的酉、亥二队前行,与第一列的子、丑、寅三队并列,五队前出至卯、辰、巳、午四队之前,与敌交战,每队放大小铳三个。这是第二战斗波次。卯、辰、巳、午四队和子、丑、寅、酉、亥五队,就是这样交替战斗,所以称作叠阵。退兵的办法也是这样交替进行的。步兵的战法与车兵相同。骑兵在车步兵作战时则跟进。当敌人溃败后,骑兵追击,以歼灭敌人。

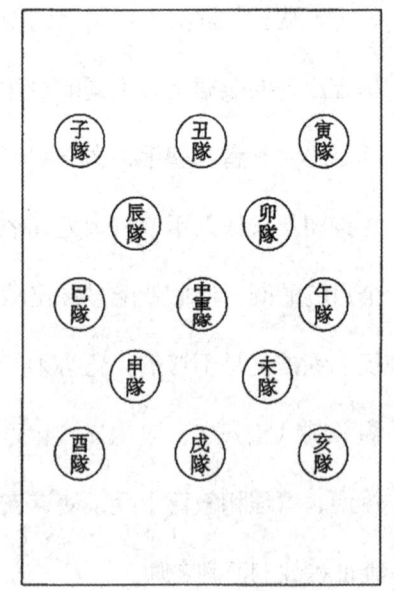

以上是战法,还要练守法,

当然守法中也有战法。这包括行军、扎营等各个方面。在有多个小营的情况下，行军一般是马兵分成两哨：一哨在车兵之前，一哨在车兵之后。在行进中，如遇有敌来进攻，则列成直营，即车列成两列，车头向外，前两车车头向前，后两车车头向后，马兵在车中。直营抬营而前，就背险之地则列成偃月营，即各小营八字分开，背险列成半月形。敌来进攻，可以用炮火，也可以用步兵和车兵御敌，敌退则以马兵追击。具体是敌近百步时，用各种火器击敌，敌退，马兵追击。马兵追击三百步，鸣金收回。敌近二三十步时，步兵出车冲锋破敌。敌退马兵追击，三百步后，鸣金收回。敌来进攻，后列车不动，前列车列成叠阵击敌。敌退，马兵追击。

如果是一大营，即13小营，169辆车的情况下，在广阔地形上可列成三班。一班在前是与敌接战的营垒，二班在一班之后二三十步，防护一班的两翼和背后，三班在中班之后约十步，车头向后，使敌不得攻我军之后。这样的阵势防护自己十分严密，击敌有胜无败。

俞大猷的训练是全面的，从单兵到合练，从技术到战术，从生活管理到思想教育，总之是"技艺为先，节制次之，而其要又在于申明忠孝大节，以化导之，使心知乎亲上死长之义"。经过

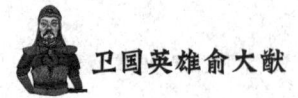
卫国英雄俞大猷

俞大猷的训练，使这支车营部队成了抗击鞑靼骑兵的劲旅，在抗击鞑靼内犯方面发挥了重大作用。当时鞑靼数万内犯，俞大猷建立的这支车兵，以兵车百辆，步骑三千，大败敌于安银堡。这是内犯的鞑靼从未遭受过的重大挫折。

到嘉靖三十九年（1560）底，经俞大猷规划，大同镇共建兵车七营。"车一辆，队卒四十人，合十三队为小营，合十小营为大营。"

战车的使用开始于殷商，盛行于春秋。这之后逐渐衰落，唐、宋年间虽然曾经制作、应用战车，但并没有什么成就。俞大猷指出，他所建的战车与古代有明显的不同。第一，古代的战车只是用来自卫，车中最强的兵器只有弓弩，而现在的战车有大小佛狼机炮三门，鸟铳、神枪共十管，这是弓弩没法相比的。第二，古代战车是双轮，遇到崎岖道路，行动不便，而现在的战车车身长与古代的战车相同，而只用一轮，上山下沟，快便无阻。第三，古代的战车用牛马拉拽，而现在的战车用人推运，可以仓促成营，运用自如。这些不同说明明代的战车亦非古代战车所能比。

与以往明代的战车比起来，最大的不同是俞大猷的车营不是单纯的车营，而是车步骑营，是把车兵（实为炮兵）、步兵和骑兵组成一个整体，进行防御和作战。这是一个了不起的创造，在编制上创造了多兵种合成军，在战术上创造了合同战术。这是有

第四章 ◎匠心营造的车兵创奇功

划时代意义的。这一创造对后来颇有影响。当时李文进把俞大猷的战车制上奏于朝廷,从此在京营中开始建立车兵。实际不只京师,后来戚继光在蓟镇、张学颜在辽东、孙承宗抗击后金等,可以说后来九边各镇都建立了车兵。俞大猷开创了以车步骑营抵御鞑靼内犯的先河。

俞大猷最大的志愿就是在北方练车兵营,在北方立功。他希望当时在京营的李遂能帮他的忙,在京营当一员副将,能遂其所愿。如不行,希望在李文进的手下练兵。他还想如果徐阶、陆炳专掌辅相之权,杨博、李遂专管用人之权,李文进、谭纶任总督和巡抚,就可以大展其宏图,报效国家。但这些均未能变成现实。在一年的时间里,他三次立功,督抚推荐他的奏疏有12篇之多,朝廷就是不用他。这妨碍了他才能的发挥。他虽未灰心,但不得不考虑回南方了。各地纷纷要求他去任职。福建巡抚刘焘推荐他到福建,俞大猷的同乡湖广总督黄光升因镇筸情况紧急,推荐他到镇筸。于是朝廷下达了任命俞大猷为镇筸参将署都指挥佥事的命令,时间大约在嘉靖三十九年(1560)冬或四十年(1561)初。俞大猷有了自己的职务,但由过去的总兵降到参将,由署都督同知降到署都指挥佥事,由正二品一下降到从三品。

嘉靖四十年(1561)三月,他离开了大同镇。这时他的心情

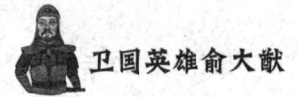

是复杂的。一方面他想离开，因为这里没有职务，他不能长期依靠李文进这样的好友。特别是嘉靖三十九年（1560）十一月，李文进升为宣大总督之后，已不在大同，而且很可能一二年后，就要调回内地，也不可能长期依靠。另一方面，从事业考虑，对于一心为社稷的俞大猷来说，当然不想离开这一需要他的地方。但朝廷的命令已下，他只能怅然离去。身虽离去，心还想着边防，他写信给李文进，指出："为今之计，除分布防守，照依坡公旧法外，必须另立奇兵一营，造车五百辆，练步、马兵共二万人，设大将一员、参将一员，统领教阅，俟其深入迎击之。"还要多造兵器，如造鸟铳5000支，佛郎机炮如库中没有也要添造，等等。造鸟铳，如按传统由工部制造恐不如法，如果军中自造，须选一好官专督此事。要用文官最好是董金事，其次是绍兴通判吴成器；要用武官现任台金严参将戚继光、在直隶听用的邵应魁和原任福建参将今立功黎鹏举皆可用。总之一定要用南方的官员。一个北方不用之人，一个离去之人，竟然对北方的防御考虑得如此周到细致，可见其思想境界之高。

俞大猷在北方只有一年左右的时间。他没有职务，但做出了巨大的贡献。他创建了车兵营，创造了御虏的合同战术，取得了安银堡大捷，对巩固边防产生重大影响。

第四章 ◎ 匠心营造的车兵创奇功

建于北魏孝文帝太和十九年（495）的少林寺，有"天下第一名刹"的美誉。该寺的僧人武艺超群。明代嘉靖年间郑若曾在《筹海图编》中说："今之武艺，天下咸推少林，其次为伏牛。要之伏牛诸僧亦因欲御矿盗而学于少林者耳。"武艺高超的少林僧人在嘉靖年间也参加了抗击倭寇的斗争。

俞大猷早就听说少林寺僧有神传长剑。作为武术家，他当然要亲自领略一番。这次自云中去南方任职，特取道经河南的嵩山少林寺。到寺后，技艺精湛的僧人都出来展示一下自己的武艺。俞大猷看过众僧展示的武术后，对住持小山说，贵寺以剑技闻名天下，"乃传久而讹，真诀皆失矣"。然后俞大猷拄着拐杖，游遍寺院的各个庵场、石洞，看遍了金乘珠藏、龙步虎音之区。他见到寺前有一小山，形势甚为别致，就对住持小山说，这里可以建一个小院，可以增加贵寺的景致。小山慨然应允，对俞大猷说，建院的事本僧负责，剑诀失传，示以真诀，就希望由您来做了。俞大猷说，这可不是旦夕教授就能使他们领悟得了的。于是他挑选了两名年少有勇的僧人，一个名为宗擎，一个名为普从，随他一起到南方征战。

在三年的时间里，俞大猷谆谆教诲，"授以阴阳变化真诀，复教以知慧觉照之戒"。宗擎、普从认真学习，尽得武艺的"真诀"。

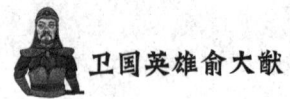

二人告辞回寺。但普从在中途死去,只有宗擎回到寺内。宗擎以剑诀禅戒教给寺内众僧,到万历四年(1576)已有近百人功夫相当深。这年二月,宗擎来北京戒坛寺听戒,这时俞大猷已在北京。宗擎受戒之后并没有立即回去。第二年他得知俞大猷在京营练兵,就前去拜访。俞大猷在异乡得遇故旧,十分高兴。他再把《剑经》传授给宗擎,勉励他要精益求精,用心钻研剑术。宗擎学成之后,临走俞大猷又再三叮嘱,要反复领悟《剑经》,要为民除害。

时至今日,中华武术仍首推少林,然而又有多少人知道这和俞大猷所教的"真诀"是分不开的。俞大猷对我国武术的传承和发展也是功不可没。

第五章 平了倭患丢了官

第一节 平海卫大捷

嘉靖四十一年（1562）十一月二十九日，明廷任命俞大猷为镇守福建总兵官。在前一天（二十八日夜），倭寇攻陷了福建兴化府城。

原来嘉靖四十一年（1562）前，入侵福建的倭寇经过横屿之战、牛田之战和林墩之战，已被浙江台金严参将戚继光指挥的"戚家军"消灭殆尽。嘉靖四十一年（1562）十月初一，戚继光率部班师返回浙江。

倭寇见戚继光返回浙江，互相庆贺道："戚老虎去，吾又何惧！"便再次猖狂起来。倭寇一支由北路攻陷福宁、政和，一支精兵6000人由中路包围兴化府城。兴化府城民众立即组织起来，配合军队严密防守。倭寇几攻不克，围于城下。福建巡抚游震得请求广东总兵刘显援救。刘显于十一月率兵救兴化。因其大军留江西，所带兵不到700人（后增至4000人），不敢贸然前进，

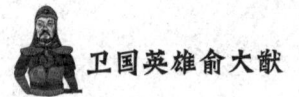
卫国英雄俞大猷

就驻扎在府城东偏北的江口桥迎仙寨。十一月二十八日，刘显派8名士兵去府城送信，不料中途被倭寇俘斩。倭寇伪装明军，派人穿上绣有"天兵"字样的明军服装，带着伪造的刘显文件，混进兴化府城，诈称"今夕且息铃柝，我有所谋"。城中明军信以为真，放松了警惕。到了深夜，冒充明军的倭寇杀死守城官军，大批倭寇杀入府城。军民坚守一个多月的府城被倭寇占领。兴化是福建的政治经济要地，为躲避倭寇劫掠，"诸村落一钱寸帛皆在城中"。倭寇进城之后，"乡宦士民男妇咸就掳杀，死者约万余，庠士三百五十，乡宦十七，举人二，太学生六，妇女义不辱而骂贼以死者，不知其几也。宝器、金玉、锦绮或传自唐宋者，咸归于贼，否则幻为煨烬"。嘉靖四十二年（1563）正月二十九日，因城中掠夺已尽，倭寇自动放弃兴化，南走岐头，结巢为营。都指挥欧阳深率兵追剿，200多人中伏阵亡。倭寇乘势占领平海卫，企图夺船出海。

兴化府城的陷落使"八闽俱震"。明廷对此十分重视，一方面，撤去巡抚游震得的职务，令其戴罪立功，而以谭纶代之；另一方面，调新任福建总兵俞大猷和副总兵戚继光迅速入闽支持。俞大猷得知令其援闽的消息后，于嘉靖四十二年（1563）正月，昼夜兼程，率领招募的6000士兵入闽至兴化江口，与刘显军联营驻守。

第五章 ◎ 平了倭患丢了官

与此同时，俞大猷提出了消灭这股倭寇的策略和作战方案。他向来如此，在未战之前，对整个作战既有全盘谋划又有具体打法。这种谋定而后战，为取得胜利奠定了坚实的基础。

倭寇退至平海卫，俞大猷和刘显也跟踪进迫。俞大猷军屯于秀山，刘显军屯于明山。因当时倭寇与从倭之人共万余，俞、刘军兵力大体与之相当，一向用兵持重的俞大猷决定"列营以困之"，建排栅，挖沟筑垒，防备敌人从陆路逃窜；另派许朝光、刘文敬各率水军巡逻平海卫外海，防止敌人从海上逃跑。同时致信戚继光说："猷与贼对垒，不肯轻战，专候公大兵至，并力收功。……贼在数日欲遁，愿公速至。"俞大猷要打一个歼灭战，先围困敌人，待兵集而后大举，一举全歼倭寇。对此，一些不知兵者，对俞大猷不满，指责他怯懦畏战，俞大猷不为所动，静候戚继光大军的到来。

戚继光得到再次入闽的命令后，于二月又到义乌募兵，16天内"得壮士万余人"。于三月赴闽，边行军边练兵。四月初八，到福州。十三日，抵福清。戚继光写信给福建巡抚谭纶，请其协调三军行动，制定战场纪律，以保证战斗胜利。这时俞、戚、刘三支军队共3万人。

倭寇得知戚继光军入闽，于四月十六日，以大小船32只护送

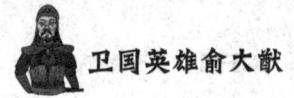

劫掠的大量财物回国,但受把总许朝光所率水军的截击,又返回原地。逃脱未果,倭寇就以3000人移驻于渚林以南许家村,据险结巢,屏障平海卫。平海卫位于似足形的半岛上,渚林位于脚腕处,地形狭窄,是扼平海卫的咽喉。倭寇在许家村结巢,意在守住平海这条出海逃走之路。

四月二十日,谭纶和汪道昆在渚林召集俞大猷、刘显、戚继光开会,讨论进剿方略。戚继光提出了自愿"身当中哨,刘、俞犄角"的建议。谭纶同意了戚继光的意见,以戚继光统督把总胡守仁等部为中哨,担任正面攻击;以俞大猷和刘显分别统领各部兵马,从两翼攻击倭寇。决定次日出兵进剿。

二十一日凌晨3时左右,戚家军以胡守仁为前导,分兵三路,衔枚而进,天微亮迫近敌巢。倭寇发觉,以2000人迎击戚军,前锋是百余骑兵。戚继光命前队火器齐放,一时间炮声震天,火光并起。倭寇前锋战马受惊,四散狂奔,队形大乱。戚军乘势发起猛攻,双方展开肉搏战。战局焦灼之际,刘、俞二部从左右两翼投入战斗。倭寇三面受敌,招架不住,狼狈窜回许家村老巢。三路明军乘胜追击,将倭寇围困于巢中,发起猛烈攻击,并因风举火,迅速荡平了许家村倭寇。此次战斗从发起攻击到结束,只用了四五个小时,歼灭倭寇2200余人,解救被掳百姓3000余人。

第五章 ◎平了倭患丢了官

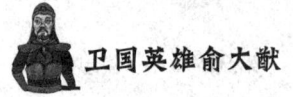

明军收复了平海卫。

平海卫大捷是一次速战速决的歼灭战,在抗倭战争史上有重要的地位。明军之所以能取得速战速决的全胜,最重要的在于准备充分。从一月倭寇占领平海卫,到明军发起攻击,历时三个月的时间。明军围而不攻,同时集结兵力,特别是等待戚继光重兵的到来。这完全是俞大猷的作战指导思想。谭纶在上疏叙平海卫大捷功称俞大猷"论兵如王翦大而非夸,驭众如子仪威而不猛,灭倭有议制胜于未战之先,坚壁如山破敌得万全之策,居然大将之体久矣"。但战后,朝廷的赏赐有失公平。戚继光因平海卫之功晋升为署都督同知,荫一子为原卫正千户,赏银30两、纻丝2表里;刘显于祖职上升两级,赏银20两、纻丝1表里;俞大猷只赏银20两、纻丝1表里。对此谭纶写信给俞大猷说:"节制精明,公不如纶;信赏必罚,公不如戚;精悍驰骋,公不如刘。然此皆小知,而公堪大受。"在谭纶的眼中,俞大猷是一员可托六尺之孤、寄百里之命的大将,这主要是指他的政治素质和战略眼光。

第二节　广东歼倭

嘉靖四十二年（1563）平海卫大捷之后，俞大猷又回伸威营，七月到达广东，仍任总兵官。所辖的地域按《明世宗实录》的说法"与南赣军门事权为一，在福建止备汀、漳二府山寇"，则在江西有南安、赣州二府，在福建有汀州、漳州二府，在广东有潮州、南雄、韶州三府，在湖广则有郴州。就军事来讲辖有江西岭北、赣州道，广东岭东、惠潮道、岭南韶南道，福建漳南道和湖广上湖、南郴、桂道。俞大猷的上级有二：一是两广总督，刚回广东时是张臬，张臬于嘉靖四十二年（1563）九月致仕，接替他的是吴桂芳；一是南赣巡抚，这时是吴百朋。

俞大猷此次来广东的目的是剿灭潮州倭寇。当时惠、潮有倭寇、海盗和"山寇"，形势相当严峻。倭寇分三部分。一是旧倭。在浙、闽倭患严重时期，倭寇也曾侵扰广东，但不过是倏来倏去，未曾酿成大患。到嘉靖四十二年（1563），倭寇"屯住潮（潮阳）、

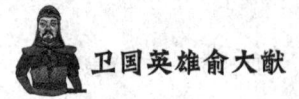

揭（揭阳）海滨，众号一万"。到四十三年（1564）初，已不满千人。二是新倭。嘉靖四十三年（1564）春，新倭大约有一万人。审查被俘的真倭说，这些倭寇是日本荫子马人，比其他倭寇更强悍。三是从福建逃来的残倭。嘉靖四十三年（1564），福建总兵戚继光追剿仙游之战的逃倭，一战于同安县的王仓坪，再战于漳浦县的蔡坡岭。倭寇虽多被歼，但仍有残余逃往广东。这三股倭寇相继进入潮、揭地区，四处剽劫，"屠戮焚掠之惨，所不忍言"。

海盗与倭寇相勾结，海盗吴平勾结倭寇，"潮州倭寇二万，与吴平相为椅角"，这就使得倭患更为严重。

"山寇"，在惠潮、江西、福建交界地区，有多股矿徒、农民暴动队伍。如在惠州长乐、海丰之间，有以伍端为首的矿徒队伍、叶丹楼的队伍；在程乡有以蓝松山、余大春为首的队伍。内忧外患使惠、潮地区形势十分紧张。

俞大猷到广东后，多次致书张臬、吴桂芳和吴百朋，依据当时的形势，提出了安定地方的方略：剿倭为当地之急务，平定勾结倭寇的吴平和矿徒、农民暴动为缓；离间吴平与倭寇的勾结，各个击破；招抚矿徒和农民军，令其抗倭。根据这一方略，俞大猷首先招抚了长乐、海丰之间伍端的矿徒队伍。

嘉靖四十二年（1563）八月，俞大猷到惠州，此时总督张臬正在派兵攻打伍端。伍端有队伍万余人，张臬所派之将领不能取胜，于是谎称俞家军到，伍端恐惧，率领头目回归据点。俞大猷果然到了，伍端派人请降，愿杀倭自效。俞大猷答应他的请求，遂派翁思海、俞尚志去伍端处精选了2000人，作为抗倭的力量，前往潮州。在中途，伍端队伍中有两人说俞大猷是假意招抚，其实是要用计谋杀害这些人。俞尚志、翁思海和伍端当即将这两人斩首，稳定了队伍。嘉靖四十三年（1564）正月初七日，伍端率队伍到达潮阳。其次，蓝松山、余大春的队伍，在俞大猷的"招谕"下，退避山中，不与明军为敌。如何处理吴平是个大问题。倭寇之中有吴平众万余。俞大猷对吴平也是招抚，但"抚平亦一时权宜，不然近万之众与各倭合，益难处矣"。吴平也有意受抚，但因不能完全控制其部下，若即若离，犹疑不决，暂时割断了与倭寇的联系。这样就使潮、揭地区的倭寇被孤立起来。

与此同时，俞大猷还提出了进剿倭寇的军事方略："倭贼以死战为生路"，因此"贼入我境，决当大集精兵，十围五攻，使其片甲不返，则事得速了"。为此，俞大猷四方调兵。先请调闽兵4000人，后又调1万人。这些均为他在福建时的部下，易受指挥，加上他身边的1000余人，共1.5万余人，分为3哨。另外，吴桂芳交给他指挥的狼兵2哨和参将王诏的1哨，也由惠州调到揭阳，

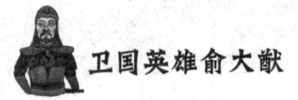
卫国英雄俞大猷

准备共同歼倭（后狼兵留海丰），并调广州水兵屯驻柘林港，防倭遁逃。

嘉靖四十三年（1564）三月初，俞大猷所调官军已先后到达。

剿倭之战是从邹塘之战开始的。伍端受招抚之后，军纪严明，秋毫无犯，作战勇敢。俞大猷以这支矿徒武装为先锋，进攻邹塘之倭，一日夜连克倭寇三巢，斩首400余人。

邹塘的倭寇被击败，已不构成威胁，而屯于芦清、淢水都的倭寇则是心腹大患。俞大猷军队集结之后驻扎在后屿。后屿界于霖田都的芦清与淢水都的神山沟之间，俞大猷欲攻芦清之敌，又恐水都之敌袭其后，遂与兵备佥事徐甫宰商量，决定声东击西，佯攻芦清之倭，而先打淢水都之敌。官军进攻之后，倭寇固守不出。官军佯装退却，倭寇出战。官军反击，倭寇阵脚大乱，连连败退。官军追击，大败倭寇，斩杀敌人1127名。

芦清之倭见淢水都之倭被歼，惊恐万状，一日夜行200里，奔往崎沙、甲子诸岙，夺船出海，多被风涛吞没。逃脱者2000余再次登岸，据海丰之金锡都，俞大猷军将其包围。经过两个月，倭寇饥疲不堪，于六月二十日夜突围逃走。俞大猷部将汤克宽追击，斩其枭帅三人，参将王诏等人继进，大败倭寇，擒斩敌人1313名。残余倭寇逃往山中，被明军搜歼。俞大猷取得惠、潮剿倭的第三战胜利。广东倭患基本平息,标志着入侵中国的倭寇基本被歼,抗倭战争基本结束。俞大猷在东南沿海先后浴血奋战十年,终于把倭寇逐出中国。他不愧是中华民族的英雄。

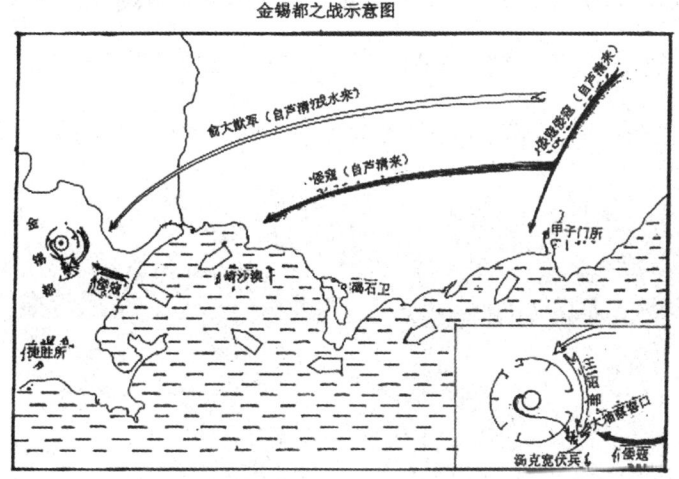

金锡都之战示意图

在俞大猷进剿潮、揭之倭时,海盗吴平表面接受招抚,断绝了与倭寇的来往。俞大猷当时已有打算,待剿倭之后,遣送吴平回福建诏安安置。嘉靖四十三年(1564)十一月,吴平回诏安之梅岭。吴平到梅岭之后,暗中练兵、造船,招揽亡命之徒,企图东山再起。福建巡抚汪道昆和总兵戚继光侦知这种情况,部署兵力,决定将其剿除。

嘉靖四十四年(1565)二月十九日,戚继光开始进剿吴平。吴平已事先得到消息,将家属货殖尽运舟中逃往广东,占据南澳。

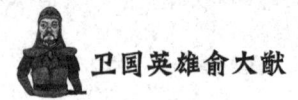
卫国英雄俞大猷

明廷明令福建、广东两省会剿吴平。于是俞大猷和戚继光联军进行了攻打吴平的南澳之战。此战，俞、戚二军共擒斩敌1500余人，烧死、淹死敌5000人，解救被掳民众1800余人。吴平的手下被消灭殆尽。但吴平本人率800余人乘40只叭喇虎小船逃窜。某些官员将吴平的逃跑全归罪于俞大猷。嘉靖四十五年（1566）正月二十八日，朝廷下令"革惠潮总兵俞大猷职，闲住"。俞大猷再一次丢了官。

第六章 长治久安是他的梦想

第六章 ◎长治久安是他的梦想

第一节 平定二源

嘉靖四十五年（1566）正月，因海盗吴平逃遁，俞大猷被朝廷革职。被罢官的俞大猷遣散幕僚，上交将印，准备还乡。但当时提督两广的吴桂芳正准备调集10万大军进攻河源、翁源的李亚元一伙，正需统军之将，便挽留住俞大猷，同时向内阁和兵部上书，为他鸣不平。

河源、翁源为山区，高山林立，峭壁悬崖众多，地形极为复杂。在这一地区有多股地方武装势力，他们相互照应，唇齿相依。其中以李亚元的实力最为雄厚。李亚元，连平忠信人，拥据云溪，环巢皆河，环河皆竹，竹内为栅，栅内为墙，聚众万余，十分强悍。其他如东峒的邓廷凤、碓砍的黎永元、五峒的伍元吉等，都听命于他。惠州、韶州和广州三府的军队，屡次征讨却徒劳无功。

为了答谢吴桂芳的知遇之恩，重新振作起来的俞大猷欣然领命，指挥10万大军向河源、翁源进发。李亚元打算率部出外劫掠，

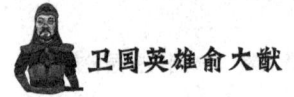卫国英雄俞大猷

逃避"围剿"。深谙兵法的俞大猷并不急于进攻,反而命机智的王鸾带着一些侍从,伪装成官军的副将进入敌营,表示诚心招抚李亚元,此次征讨另有目标。李亚元戒心大降,命部下固守据点,等待朝廷招抚。周围其他势力听闻李亚元即将被招抚,纷纷前来依附,一时间聚集了1.7万人。

俞大猷率兵进攻碓砍,游击魏宗瀚俘获了李亚元的侄子李爵。为了麻痹李亚元,俞大猷派人将李爵送至李亚元处,并故意指责他说:"你既然已经诚心降服,为什么还派侄子潜入其他据点做盗贼呢?"这令李亚元彻底相信自己高枕无忧。与此同时,俞大猷采用声东击西的战法,假意要攻打另一农民暴动头目李明的据点,还向李亚元借向导引路,暗中向李亚元的据点行军。

万事俱备,俞大猷下令兵分两路:一路以李亚元派来的人做向导,以"进剿"李明为名进军,途经李亚元的据点,离云溪只里许;另一路由俞大猷亲自率领,从偏僻崎岖的山路向李亚元的据点前进。当俞大猷所率领的明军如神兵天降般突然出现时,敌人惊慌失措,仓促准备迎战。这时王鸾眼珠一转,朗声对众人安抚道:"这是剿灭李明的军队,各位不必惊慌。"李亚元毫不怀疑,还派人带着牛肉美酒慰劳明军。

俞大猷令旗一挥,明军迅速在李亚元寨前集结,发起猛烈的

进攻。尽管敌寨十分坚固，但明军铳炮犹如雨下，伐竹拔栅，以藤牌遮挡敌人的矢石，四面夹攻。打开二三处缺口后，明军实行火攻，风助火势，火借风威，顿时烈焰冲天，敌人溃不成军，伤亡惨重。此役明军大获全胜，生擒李亚元，杀敌无数。王鸾等人均生还，仅有4名士兵阵亡，受伤的也只有30人。

接着，俞大猷又指挥部队乘胜追击，擒邓廷凤于东峒，杀黎永元于碓砍，追五峒头领伍元吉于白沙塘而活捉之。从二月至五月，俞大猷督五路明军，只用了四个月的时间，就平定了河源、翁源地区多年难以解决的混乱局面。

为表彰俞大猷平定二源的功绩，吴桂芳上书朝廷，表明他的"伟效"。这一战完全是按俞大猷的作战预案进行的，允分显示了俞大猷的军事才华和指挥才干。

八月，朝廷令"猷复原职，听用"。九月初十，朝廷命"原任广东总兵俞大猷，仍总兵官镇守广西"。九月三十日，朝廷又召恭顺侯"吴继爵还京，以总兵官俞大猷代之"。如此一来，俞大猷不仅官复原职，还佩带上了征蛮将军的印绶。

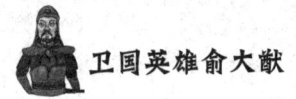

第二节 灭曾一本

嘉靖四十五年(1566)秋,俞大猷率兵攻打降而复叛的广东王西桥等,将其彻底歼灭。九月,朝廷命提督两广兵部右侍郎吴桂芳为南京兵部右侍郎。月底,朝廷命令暂设广东巡抚,改提督军门为总督两广军务兼理粮饷。十月,升巡抚四川都察院右副都御史谭纶为兵部右侍郎兼都察院右佥都御史、总督两广军务兼理粮饷,巡抚广西;江西布政使司右参政李佑为都察院左佥都御史、巡抚广东兼赞理军务。但谭纶直到隆庆元年(1567)五月,才到广东任职。也就是在五月,"以擒斩广东贼首王西桥等,升总兵官俞大猷为署都督同知"。

八月,给事中吴时来上疏,提出两广总督谭纶、总兵俞大猷、戚继光长于(用通俗词最好)军事,应该把他们调来"专督练边兵"。但兵部认为俞大猷年事已高,宜在南方。奉调入京的谭纶上疏朝廷,请求调俞大猷到北方,同他一起练车兵破虏,极力推荐俞大猷。

第六章 ◎ 长治久安是他的梦想

但继任两广总督的张瀚则上疏朝廷，留俞大猷在广东剿灭海寇曾一本。曾一本是海盗吴平的余党，吴平被剿灭后，曾一本收其残部，继续作乱，突入海丰、惠来间。当时的广东总兵的汤克宽力主招抚曾一本。曾一本接受招抚后，驻扎在潮阳下洰地方。汤克宽并改其手下海寇1500人为军籍。这些人"入则廪食于官，出则肆掠海上"，还强迫当地贩盐运货的商人向其纳税，激起当地百姓反抗，围攻揭阳县城。不明真相的汤克宽又令曾一本的人去镇压造反的百姓。

几个月后，曾一本率众再度作乱，执澄海县知县张浚，焚杀潮州府数千人。兵科都给事中欧阳一敬劾奏汤克宽"既不当招必叛之贼以激变居民，及居民乱又不当驱贼兵剿之，是克宽纵贼酿祸"。隆庆元年（1567）十一月初六，朝廷命革去汤克宽的官职，责令总督张瀚"率镇巡兵备等官，亟行剿贼以靖地方"。十一月十八日，升镇守南直隶江西副总兵署都指挥佥事郭成为都督佥事，镇守广东。

十一月，海寇曾一本突至雷州海面，登岸劫掠。二十一日，参将魏宗瀚、王如澄、缪印等率舟师与敌交战失利，战船被烧毁，参将缪印和把总俞尚志被敌掳去，官兵阵亡800余人。由于郭成尚未到任，海寇为害猖獗，张瀚急调俞大猷到广东，且上疏朝廷：

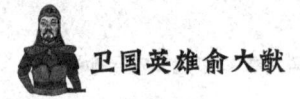

大赞俞大猷抗倭有功,极力留俞大猷在广东剿寇。

隆庆二年(1568)三月,兵部批复:"新任总兵郭成未至,而广西总兵俞大猷素负威名,请令暂往视师。"皇上的批示是"命暂调大猷用,事宁回镇"。

其实俞大猷大约在隆庆二年(1568)初就已经由广西到了广东省城。他分别于隆庆二年(1568)正月十七日和二十三日上书给总督张瀚,提出派将领到福建造福船40只,募福建人为兵,雇募福建的白艚船50只,头目、兵夫1600名,再加上广东的横江、乌艚船40只,兵2800名,合起来以总兵统之,定可消灭敌人。但张瀚等人认为去福建造船过于迟慢,决定在广东造船,在福建募兵。对此,俞大猷作《拙速解》指出:"速而果拙,何贵于速?迟而果巧,何嫌于迟?"当今命师征讨,就应该彻底消灭敌人,应该巧不嫌迟,还指出在广东造船容易被敌人焚毁。张瀚等坚持在广东造船,俞大猷毫无办法,只得屈从。为了赢得造船时间,俞大猷派人假意招抚曾一本,暂时稳住敌人,同时要求广东方面抓紧时间造船,以防敌人生疑生变。可福建的募兵都到了,船却尚未造好。俞大猷提议借广东船只给福建兵暂时使用,遭到了拒绝。

果不出俞大猷所料,六月十一日,狡诈的曾一本率众大举进攻广州,"杀掠无算,城门闭者七日",焚毁了广东所造船只。

第六章 ◎长治久安是他的梦想

形势严峻,张瀚再问计于俞大猷,俞大猷以秦将王翦灭楚为例,仍然坚持最初的平寇方略。恰好新任广东巡抚的熊桴和俞大猷曾同在浙直抗倭,他了解俞大猷,也深知福船、福兵可用,全力支持他的谋划。

在俞大猷坚决的再三恳请下,总督张瀚同意了到福建造船的意见,但所造船只数量有限。俞大猷只得做了让步,并对船上的杠槓、军火器械作了全面细致的规划,下定决心要实现自己的设想。七月十四日,他给陈见庵的信中说:"从猷议不成功,猷当赴海而死,不待刑诛。不从猷议,猷知功决不成,当先赴海而死。事至今日,尚无决计为之者,姑听之。猷惟知一死以报君恩耳。"

隆庆二年(1568)九月初,海寇曾一本有西来的迹象,巡抚熊桴命俞大猷去南头调度兵船,抗击海寇。当时南头只有不到20只大兵船,器械不齐,难以抗敌。情势所迫,明知敌众我寡的俞大猷只好迎难而上。九月下旬,他从广州出发,准备十月中旬回来去福建造船。俞大猷原先计划让戴罪立功的汤克宽先去,造好后二人率船队从福建回广东,消灭曾一本。但朝廷下令逮捕汤克宽至京问罪,俞大猷不得不独自率众去福建造船。

十月,曾一本突至南澳,欲进扰玄钟。福建巡抚涂泽民和巡按王宗载向朝廷上疏,请求大征曾一本。朝廷命令福建和广东两

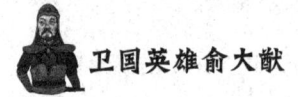

省协力剿灭曾一本，俞大猷对此信心倍增："闽、广相去其势何邈，人持所见其论难合。今日不期而协谋于一堂，合兵为一家，乃天心厌乱，圣上威灵，有此安排之巧。又溟海风程虽数万里，到处穴窠可数。而知贼食易尽，兵粮有继。横海之势既成，洗海之功垂收矣。"

十一月，俞大猷到福建招募官兵，开始造船。十二月初九，朝廷升兵部左侍郎刘焘为右都御史兼兵部左侍郎、总督两广军务兼理粮饷，巡抚广西。七天后即十七日，又令刘焘兼督福建军务。隆庆三年（1569）正月，刘焘到任。三月，俞大猷在福建的80只战船造就，"每只多宽一二尺，只只皆雄壮坚固"。俞大猷将这80只战船分成左右两大哨。左大哨由参将晏继芳统领，下有左中军船4只，天、地、风、云4哨，每哨船8只。右大哨由参将邵应魁统领，下有中军船4只，龙、虎、鸟、蛇4哨，每哨船8只。另8只为大中军哨，俞大猷亲自统领。这支舰队从俞大猷初次提出到正式组建，几经周折，历时一年有余才建立起来。但还缺少哨探的侦察船，俞大猷又在福建招募人员，雇用船只，从而使这支船队共有"大小船一百零五只，兵万余名"。

在朝廷下达命令后，福建也积极整搠战船，由总兵李锡率领，共有船130只左右，兵也有万余名。在广东，共凑大小船只170

只，由总兵郭成和参将王诏率领。但其武器装备较差，士兵较弱，尚不能与曾一本抗衡。

这3支船队共有战船400余只，官兵3万余人。而当时曾一本有大战船50只，中战船40只，加上小的船只，共在百只以上，有众万人。官军人员和船只都三倍于敌，且有俞大猷这样久经海战的将领指挥，胜券在握。

俞大猷为使自己这支船队有很强的战斗力，制定军令30条，对行军、作战等各种事项作了明文规定。三月二十五日，俞大猷到中左所，他的船队也陆续到达。这时因日久船队已乏粮。俞大猷写信给福建巡抚涂泽民，以个人名义向他借银3500两，解决船队的燃眉之急。涂泽民慨然应允，大猷甚是感激。俞大猷所部与李锡率领的福建船队密切配合，准备沿海岸逐港向广东进发。

隆庆二年（1568）十一月中，曾一本在福建的铜山，隆庆三年（1569）正月，驻广东的潮州等待与官军一战。四月十六日，曾一本的船队北上到达古雷港，如顺风半日即可到海沧。俞大猷同福建总兵李锡商议，每日五更，二省兵船皆扬帆起碇，待敌以歼之。但直到五月初，曾一本既不攻，也不退。俞大猷和李锡商定准备主动出击，并给广东总兵郭成写信，请他率船随时准备截击。

五月初十，俞大猷和李锡各率船队出发，十二日到古雷，这

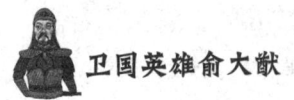 卫国英雄俞大猷

第六章 ◎长治久安是他的梦想

时曾一本已逃往广东。俞大猷等准备追敌至南澳，但风汛不顺，又遇飓风，只得收泊铜山。六月初三，俞大猷得到情报，曾一本的船队已移至南澳，正在向北行驶。俞大猷当机立断，无论曾一本或战或逃，都要彻底击溃他。六月初四，曾一本果然率大小船各 50 只前来铜山，小船扎港口，大船径直冲进港口。当时福建总兵李锡新造的巨舰器械俱备，泊在港口，遂奋勇迎战，接着在港内的俞大猷船队也投入战斗，大破海寇，斩杀头目过半。海寇伤亡惨重，乘退潮之机逃跑。第二天，曾一本船队逃至柘林。俞、李率船队追击，十二日，径冲入柘林，攻击曾一本，又大败之。曾一本原有的船百只，多被官军焚沉，只剩大中船 10 余只、小船 20 只逃出。曾一本败走泊莲澳，俞、李又追到莲澳，十八日与之血战一天，因无风，摇橹攻击，虽未焚沉敌船，但击杀敌人比前两战更多。俞大猷等三战三捷，曾一本部下海寇仅存四分之一，小头目尽皆丧命。

曾一本逃到马耳澳。广东总兵郭成及王诏率广东船队至，郭成判断敌已疲困不堪，于是二十六日，分三哨对曾一本发起进攻。穷途末路的曾一本自驾大舡，做困兽之斗。郭成率领士气高涨的官军驾船杀败海寇，击沉船只若干，王诏生擒曾一本及其妻郑氏并族党尾叔等，横行海上多年的巨盗终于被彻底消灭了。

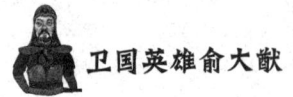
卫国英雄俞大猷

曾一本虽然被郭成的广东兵所获，但要是没有俞大猷和李锡的三战三捷，也不会有此胜绩。正因如此，两省论功，首推俞大猷。八月，录平曾一本功，兵部在复本中对俞大猷的评价是："才经百练，望重三军。建福舟取胜之议，知甲兵素养于胸中；定分道并进之谋，见料敌如指诸掌上。矧成功不伐，益占素养之真纯；且矍铄不衰，何异据鞍之便捷。"破格进俞大猷为右都督。这是俞大猷一生中官职最高的时期，右都督为一品高官，佩过去勋爵所佩的征蛮将军印绶。

造福船、募福兵以剿灭海盗曾一本是俞大猷为救一时之艰的谋划，为维护广东沿海的安全，俞大猷还有其长远的打算。主要有二：一是灭曾之后，将所造之船分配于广东沿海各水寨，以维护沿海安全；一是鼓励民间造船，以恢复往日广东沿海以民船为主的防卫机制。在剿曾一本的战斗中广东共有战船250只左右，战后把这些船分配在各水寨。朝廷批准了俞大猷的主张。

战前想到战后，以维护长治久安，这是俞大猷一贯的思想，灭曾一本之战也是如此。

第七章 报朝廷之恩，答知己之遇

第七章 ◎报朝廷之恩，答知己之遇

第一节　镇守福建

　　隆庆五年（1571）五月，朝廷录古田战役之功升"镇守总兵官俞大猷实职二级，世袭"。"大猷为将廉，驭下有恩。数建大功，威名震南服。"但隆庆五年（1571）七月，巡按广西御史李良臣弹劾俞大猷奸贪衰鄙，放纵不法。兵部罢了俞大猷的官，"令俞大猷回籍听用"。十一月，任命他为南京右军都督府佥书。隆庆六年（1572）闰二月，朝廷又"命南京右军都督府佥书、右都督俞大猷充总兵官，镇守福建并浙江金、温等处"。

　　俞大猷上任之后，根据福建巡抚殷从俭和福建按察司副使邓之屏的指示，对整饬福建海防提出了自己的意见。

　　防守福建沿海的陆兵有1万多人，这是在倭寇入侵之时。到了俞大猷任总兵的隆庆六年（1572），海上已比较平静，防御部署和所用兵力就要重新考虑。其基本原则一是保障海防，一是节省军费。

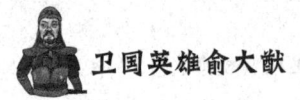

俞大猷创造性遵守这两项基本原则，主要注重以下几个方面：

第一，注重海上防守。他说："闽省今日防备在水而不在陆。陆兵宜尽销，水兵宜时时齐备整搠。"水兵指的是五水寨之兵。烽火门水寨与浙江的温州海域相连，铜山水寨与广东的潮州水域接界，南北不时有贼船从邻省海域入犯，二水寨最为险要，为福建的北、南门户。实际险要的不只是此二水寨，浯屿水寨能控制漳州沿海的海盗，尤为险要之区。南日、小埕海洋广远，盗贼出没无常，巡哨不能不严，也不能稍有懈怠。

谭纶恢复五水寨后，因当时海上贼船出没无常，各水寨都有常驻之兵。隆庆之后，敌情稍缓，虽开始采用防汛的办法。即在春汛三、四、五月和秋汛的九、十月军兵驾船出海巡逻防敌，在汛期过后军兵尽撤，只留官捕兵看船。之所以这样做，是因为各水寨的水军不只是防倭，也要防盗。汛期过后，倭寇入侵的可能不大，但闽广海盗不时发生。海盗一旦出现，有船无兵，必然造成损失。水寨中有了一半士兵值守，就能做到有备无患，确保百姓安全。而另一半兵船利用这个时间可以进行大休。

俞大猷还对哨守分工做了调整。烽火门上哨至浙江界，下哨至西洋山，与小埕会哨。小埕寨上哨至西洋，下哨至松下，与南日会哨。南日上哨至松下，下哨至崇武，与浯屿会哨。浯屿上哨

第七章 ◎报朝廷之恩，答知己之遇

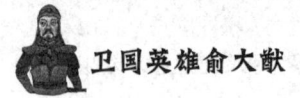
卫国英雄俞大猷

至崇武,下哨至镇海澳,与铜山会哨。铜山上哨至镇海,与浯屿会哨,下哨至潮州南澳,与广东的兵船会哨。这样各哨哨守的信地相对比较平均,只是浯屿哨守地远了一些。为此俞大猷提出建立浯屿策应哨,加以补救。他请巡抚发大船3只、中船5只、八桨船6只,器械齐备,由把总秦经国率领兴泉道机兵600人,在泉州车桥地方抛泊,上哨至崇武,与南日会哨,下哨至围头,与浯屿会哨。这样既改善了浯屿水寨的防守,又增强了海防力量。经过俞大猷的整饬,福建形成了常备不懈的严密海上御敌防线。

与海上的防御相比,俞大猷认为陆上则不必处处设防。因为陆兵御敌于陆是比较困难的,所以不如御敌于海上。用水兵防敌于海中,明军既有优势,又能进行有效防守,远优可防敌于陆,这是俞大猷的一贯主张。

第二,注重当地土兵。对于从浙江招募来的客兵,俞大猷则主张尽数遣回,而尽用当地的土兵。在他看来,福建兵是能打仗的,就是要招募这些地方的兵来代替客兵。但招募不是简单的招募,代替也不是简的代替,而是把招募和代替同精兵、同建立后备兵员结合起来。

第三,注重后备兵员。隆庆年间沿海是比较平静的,福建也是如此。在和平的日子里如何不忘武备,并为可能出现的动乱做

第七章 ◎报朝廷之恩，答知己之遇

好准备，是长谋远虑的俞大猷整饬海防的又一方面。为此，俞大猷整顿原有的军队并招募新兵。

整顿原有的军队（也有新选的），共留2180名，组成6营。选出的6营兵除北路的600人外，都不是普通的兵，而是经过精选的。选择的条件是年龄在25岁以下，为人乖觉猛健，能管10人。选后要登记年龄、相貌、籍贯，然后先令老师教技艺，技艺精熟之后教营阵，一定使每个人都深知其要义。无法掌握所教内容者就要进行更换，保证每个人都成为精兵。当然练兵的同时，管束这些兵的军官指挥和把总也要努力学习技艺，熟悉操法。同样如不用心学也要更换，而对学有成效的要加以奖励。有了这样一支军官和士兵都精强的部队，当有小规模敌人入犯时，每一营的200多人或400人就可以抗击来犯之敌并将其消灭。如遇大规模敌人进犯，一营无力抗敌，则可以迅速扩大军队。扩充的办法是每一名士兵招募自己熟悉的9人，该士兵就成为甲长，管束这9人。这样200多人就迅速扩大到2000多人，因为有这些精兵做骨干，这2000多人很快就形成了战斗力，就能消灭较大规模的来犯之敌。

招募时，应给每一名应募者安家银三钱或五钱、六钱。这些人入伍后，每天的薪金是三分三厘，月薪当为九钱九分，近一两。

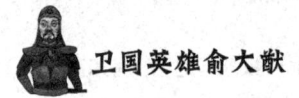

这个薪资比卫所军卒要高一倍。当兵的有安家银,工薪又较高,所以还是较卫所军的士气高一些,这也是能练出精兵的保障。当遇大敌入侵再招募时,应募者同样如最初招募者的待遇,而升为甲长的兵则提高待遇,由每天的三分三厘升到四分。

俞大猷提出的这种招募士兵的措施,是一举多得的措施。第一精兵。这些精选出来的士兵,经过训练,成为一支颇有战斗力的军队。第二省费。全省平时只养1000多士兵,是嘉靖末年的十分之一,节省了相当多的军费。第三考虑周全长远。这一措施平时想到战时,平时节省了军费,练出精兵,战时军队一呼即集,不至于手足无措。这种平战结合的军队体制,是俞大猷的一个创造,不仅当时有现实意义,对后来也有借鉴意义。

整饬海防主要是组织措施,但光有组织措施不够,还必须对建立起的军队进行严格的训练。

俞大猷向来是重视练兵的。隆庆五年(1571),俞大猷在离开广西前,特意为广西的练兵写了教材《广西选锋兵操法》。这次对福建沿海兵的训练方法与广西选锋兵是相同的。

俞大猷强调练兵必先练胆,练胆必先教技,技精则胆壮,胆壮则兵强。教技则先教棍法。棍法是武艺的基础,学好棍法,其他兵器的用法自然明了。棍法的教材就是俞大猷用了数十年心力求得的《剑经》。前文已有叙述，此处不再多讲。但练兵不只是教技法，还要教阵法。

俞大猷的阵法基本上是战术队形，主要有三种：叠阵势（又称三叠势）、夺前蛟势和满天星势。叠阵势又称三叠势，是一种横队的作战战术。俞大猷以30甲为例演示这种战术。30甲分为前后两列，前列15甲，后列15甲。当有敌情时，两头4甲先行，作为两翼的防护，没有紧急情况，不直接参战。其余部队在两翼的防护下演习叠阵。当敌人在千步之外，部队在点鼓的指挥下，徐徐前行，后队要逐渐走到前队的前面。原来的后队变成了前队，原来的前队成了后队。后队继续前行，再走到前队的前面。就这样两队不断变换前后的位置。数次变换之后，如敌人已在100步或50步之间，指挥的中军敲锣边，鸟铳齐射，打击敌人。然后中军擂鼓，前队的步兵疾冲向前，与敌接战。前队与敌战一段时间，后队冲出，接替前队，与敌交战。前队经过休整，又冲出，接替原后队与敌交战。就这样循环往复，直至消灭敌人为止。退兵也是前队之兵退至后队之后，

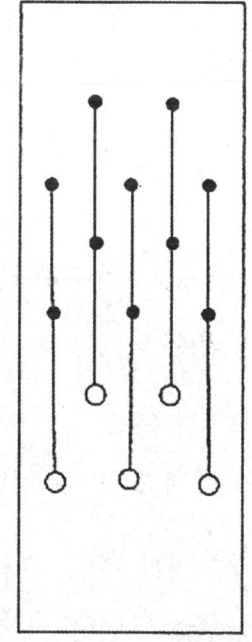

叠阵势

然后后队之兵又退至前队之后，也是互相更迭。正是这种往复更迭，所以称之为叠阵势。

这种叠阵势的战术其接敌面的大小则根据作战地形而定。地形狭窄只能容一队的就用一队，如地势宽，能容几队就用几队。但每一作战的队其后至少有一队跟随，以便接替前队与敌交战。

夺前蛟势是一种纵队的作战战术。各甲列成纵队向前行进，在离敌千步至500步之间，各甲徐徐前进，最后一甲出于最前一甲之前，反复进行。当距敌50步或百步之间，最前一甲疾向前冲，与敌交战。最后一甲又冲向前，接替前一甲与敌交战。这样循环往复，消灭敌人。退兵也是一队退至一队之后的循环往复，但进由右，退从左。

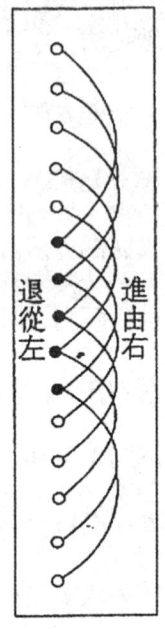

夺前蛟势

退從左　進由右

叠阵势和夺前蛟势其原理是一样的，都是根据孙子的"以正合，以奇胜"和"先出为正，后冲为奇"制定的。最先与敌接战的是正兵，是"以正合"，后来冲上接替他的是奇兵，用来战胜敌人，是"以奇胜"。这样不断地更迭反复，实际就是孙子所说的"奇正相生，如环无端"。

这两种战术的最大好处，是使自己始终保持旺盛的斗志和充沛的精力，从而易于战胜敌人。

满天星势是一种横队齐冲敌人的战术。以30甲部队的演示为例，分成前后各15甲。当距敌远时，点鼓徐徐前进，每1甲后面各跟1甲。距敌近时，擂鼓，前面的15甲冲向敌人，后面的15甲紧紧跟随其后。非紧急的情况下，后队不得前行接敌。战罢，前队和后队一齐转身向后退回。这种阵势是在敌人大败、我军大胜的形势下用的，所以不像叠阵那样更迭作战。

武艺是一个人的技艺，阵法是众人的技艺。俞大猷认为训练好武艺和阵法，部队必然是一支勇敢作战的精兵。所以练兵是俞大猷整饬福建海防的一个重要方面。

俞大猷整饬福建海防是有成绩的。这一成绩主要是确立了和平时期海防应有的模式：保持一定规模的海上防御力量，训练一支可随时扩编的精锐陆兵。

但俞大猷在福建的任职并不顺利。隆庆六年（1572）七月，明廷将俞大猷降职二级，从右都督降为都督佥事，从正一品降为正二品。其原因是"按臣李纯朴劾其不候交待，擅离信地。兵部以用人之际，姑薄惩之"。

万历元年（1573）九月，明廷又给俞大猷以革任闲住的处分。原因是福建海贼进犯，官军防御不利。其实此事不应由俞大猷负责。

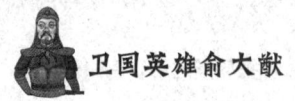

当时正在准备进攻澎湖,有海贼自漳、泉趋福宁。俞大猷派兵追击,即将追上敌人,副使邓之屏却令部队转向澎湖。这样海贼突然犯烽火寨,杀把总而去。所以此次失利之责应由邓之屏来负。但俞大猷并不为了使自己免罪而揭邓之屏之短,这样又丢了官。

从嘉靖四十五年(1566)到万历元年(1573)的八年间,俞大猷三起三落。他时而受重用为一品高官,时而被革职成为一介平民,坎坎坷坷,起起伏伏。

第二节　提调京营车兵

俞大猷被革职半年后,万历二年(1574)四月,朝廷命令:"原任镇守福建总兵官都督佥事今革职俞大猷,准复署都督佥事、后军都督府佥书,管事。"俞大猷从都督佥事降为署都督佥事,从正二品降为从二品。后经谭纶推荐,提调京营车兵。俞大猷多年的夙愿得以实现。

俞大猷到京师之后的职务是后军都督府管事的佥书。后军都

第七章 ◎报朝廷之恩，答知己之遇

督府有着其他四府没有的职责。譬如京城内外16门，都是后府派人把守的；后府的金书每5日要巡城一次，夜间要查点守卫的官军；军民人等过山海、居庸等关的公文都是由后府挂号验放的；等等。但做这些事并不是俞大猷来北方的目的，也不是谭纶调他来京的目的。在谭纶的运作下，发挥俞大猷长处的机会来了。巡视京营工科左给事中李某和福建道监察御史周某上疏朝廷，陈述六事，其中之一就是"习车兵"，要求兵部"广集众思。不拘在京在外将官，但有素谙车法者，径荐一二员，推用营中，专责以置造之规，教练之略，而无靳于费财，无夺于浮议，则整备之后，虽以之摧坚冲突，横行匈奴可也。岂但为防御之资已哉？"皇上将这一奏疏批给了兵部。

俞大猷看到《科道题本》之后上书谭纶，请他答应科道近议，由自己改修旧车设法教练。并说："古人每惜寸阴，愚之今日，若复荏苒虚度，一旦身填沟壑，志终不售，心何能甘？目何能瞑乎？"

谭纶在奏疏中不仅要俞大猷训练车营，而且赋予他改造战车、挑选火器等权力，即完全按照俞大猷的主张来建设京营的车兵，表示了对他的完全信任。

皇上对谭纶的奏疏的批示是："依议行。"经过谭纶这样大

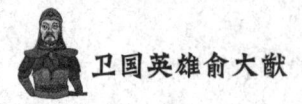

力帮助，俞大猷终于实现了自己的愿望，开始提调京营车兵。

十多年来，俞大猷都没有停止对车战的研究，所以这次练车兵是在更高的层次上进行的，与前次有很大的不同。

首先是车制的不同。在大同他所用的是独轮车，而现在则是双轮车。在大同后来他也曾制造一种双轮车，这次的双轮车就是对大同双轮车加以改进后制造的。它最大的特点是适用于实战，车长一丈三尺，但大而不重，进退纵横十分方便。前装大枪头5件，使敌马不得接近，车上有飞虎大木屏1面、小木屏2面，作为战车的屏障。一般人将这种车称作冲车。它和偏厢车不同。偏厢车是在车的一侧装有屏障，俞大猷的战车车旁不安屏障。二者各有各的长处和优点。从总体来说，冲车便于前进冲敌，利于战；而偏厢车旁有屏蔽，利于守。

其次是编制不同。在大同时，一营车169辆，人员7138人，而京营每一车营有车120辆，其士卒则是由京营中的车兵营和战兵营两营组成，共6000人。车兵营和战兵营每个营又各分成两部分。车兵营分成管车兵和骑兵，战兵营分成步兵和骑兵。车兵实为火器兵。"车必藉火器以败贼，火器必藉车以拒马。二器之用，实相须也。"把火器和能够拒马的战车结合在一起，这是明代战车与古代战车的根本区别，也是车兵所以能胜敌骑兵的原因所在。

敌骑兵的优势在于快速机动,如山崩河决的冲击力,明军的优势在于有火器。车营,车车相连所形成的车城,使敌骑兵难以逾越,减杀了敌骑兵的优势,而明军的火器在车的屏蔽下,可以得到充分地发挥,击杀敌人。削弱杀敌人的优势,使自己的优势得以充分发挥,所以车能胜骑。

再次是训练和战术也不尽相同。京营的营阵要比大同时的大而多样,有一营操练、二营合练、十千万全阵、五行阵、三才阵等。车兵的训练主要是合同战术训练,是炮兵、步兵和骑兵三兵种协同起来进行作战的训练。这种训练包括行军、列营和作战。行军一般是马兵在前,车兵在后。列营一般是列方营。车头向外,车车相连,形成一个方形的车城。以1营为例。1营车120辆,分12司,每司车10辆。列成方营,每面当为3司。但在列营时,并不是每面3司都是完整的编制,而是四角每角为1司,这样一面有2整司、半司。如方营,南面右侧是一司的10车和二司的5车,左侧是七司的10车和八司的5车,而东面右侧是八司的5车和九司的10车,左侧是十司的10车和十一司的5车,西面左侧是二司的5车和三司的10车,右侧是五司的10车和六司的5车,北面左侧是十一司的5车和十二司的10车,右侧是六司的10车和五司的5车。车内为骑兵,骑兵内为家丁和中军指挥机构。作

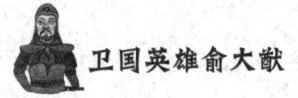

战时，如果敌人四面进攻，在中军的指挥下，车方营四面齐放铳炮，轰击敌人，一次敌不退放两次，两次敌不退则三次。如敌退，车营则进攻一面之敌，这时要改变战斗队形。如进攻南面之敌，南面的车兵不动，东西两侧的车兵则与南面的车兵取齐，形成由8个整司和2个半司组成的一横列车兵，车营内的骑兵跟在这一长列车兵之后，骑兵后是家丁和中军，再后是北面的2整司和2半司的车兵，形成这样一个倒梯形营阵。进攻敌人时，前列在中军的指挥下，以铳炮击敌，然后呐喊冲击，每经过三次或五次冲击要止齐。经过冲击，如敌大败，骑兵则由前列车兵两侧冲出，追击敌人。这时车营恢复成方营。骑兵追远，中军以信号将其召回。返回的骑兵从四角入营。

车营可以发挥车的屏蔽作用和火器的威力，同时具备骑兵的快速机动能力。车头向外，车车相连，形成车城，敌既不能逾越，也无法冲击，使敌骑兵在车城前丧失威力。车营中的火器众多。当敌弓箭射不到车兵时，车上的火器就能轰击敌人。枪炮隆隆作响，既可击毙敌对人马，又能惊吓敌马，使其混乱溃败。对溃败的敌人骑兵追上，再加以歼灭。因此车营既能很好地保护自己，又能有效地歼灭敌人，确实是制敌长策。

车营既可以以一营为单位进行操练和作战，也可以两营合练。

第七章 ◎报朝廷之恩，答知己之遇

合营的操练和作战同一营的操练和作战基本是相同的，只是两营合在一起，人数增加了一倍，为 12000 人。

操车营最为重要的是操全部车营的合战，即十干万全阵。这是 10 营车兵和 10 营战兵的合练。全阵合在一起有 6 万人马，火器 12000 件。作战时如以 5 阵击敌，火器有 6000 件之多，就是以 4 阵击敌，火器也有 4800 件。在敌人没有火器的情况下，这几千件火器齐发，隆隆作响，弹丸横飞，敌骑兵即使众多，也难以抗御，不得不败下阵来。这是抗击敌骑兵大规模进攻的极佳阵法。奇正相生，如环无端。该阵不是一次性把兵力全部投入战斗，而是分成击敌的战兵和准备应援的策应兵，实行叠阵战法，使自己始终以生力军击敌，无乏兵、疲兵之患。

除此之外，还要练金、木、水、火、土五行阵和天、地、人三才阵以及步兵出车的具体战法。

俞大猷提调京营兵车，三年之间颇有成绩。"新制兵车一千二百辆，中军千把总三百余员，车战马步兵六万名，轮日合营，教练皆以习熟可用。"他说："车阵在京营已成一军，似足传之永久。"又说，"战车教成一军，共六万人，京营改观矣。"

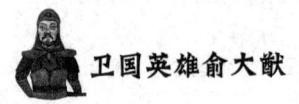卫国英雄俞大猷

第三节 致仕回归故里

万历六年（1578），俞大猷三次上疏请求退休。他在《乞归疏》中写道："乃今犬马之年七十有六，桑榆景迫，气血日衰，风疾每作，昏眩移时。裹革之心虽存，据鞍之力已谢，不胜鞭策，难奉驱驰。伏望皇上矜怜犬马微臣，乞敕兵部，容令休致回卫。"这就是俞大猷要求退休的原因，但还不止于此。挚友谭纶之死对他是一个莫大的打击。谭纶于万历五年（1577）四月病逝。俞大猷在《祭谭二华》中说："呜呼！公乎，胡忽收百虑奄，然而长逝乎？今日、昨日变不可知，裂我肝肠，摧我心志，含言哽咽，挥涕流离。哀哉！痛哉！乃使我至于此极哉！古称人之相知，贵相知心。自有交道以来，如公之知猷有几哉？"

他一字一泪地叙述了与谭纶的友情，深感"纸有尽而情无穷"。他要辞官还乡，还因为车兵的训练已经完成，功成身退，方合《易》理。万历六年（1578）九月初八，皇上批准俞大猷致仕。兵部在

第七章 ◎报朝廷之恩，答知己之遇

复本中说：俞大猷"才猷兼茂，忠赤独怀。历仕三朝，身经百战。经营四十七年，斩馘二万五千余级，功在边陲，裒然为诸将之首。况操履清素，始终不渝，又有足称者"。"功在边陲，裒然为诸将之首"，"操履清素，始终不渝"。这是对俞大猷的恰当评价，可见其功勋和人品。要离职回家了，俞大猷连续给老朋友戚继光写了四封信，希望南行之前再次相会，但终未能如愿。

他离开京城时，一些大臣和同乡送到城门外，依依惜别，也都称赞他。一路之上夫马无阻。到了福建，提督军务巡抚福建地方都察院右佥都御史耿定向行文兴、泉两道，要他们专派6人送候俞大猷出入，并送给俞大猷一块牌匾：昭代儒将。到了泉州，全城的士民、士夫、亲戚无不欢喜，家里人更是喜出望外。这已是万历七年（1579）。

这年五月初六，俞大猷得了一场重病，虽然有一段时间略有好转，还能口述由他人代笔给朋友写信，但身体一直十分虚弱，于八月二十六日（9月16日），与世长辞，享年77岁。

俞大猷一生中对中华民族最重要的贡献有三方面：一是他南抗倭、北御"虏"，保卫了国家的领土主权，保护了人民的生命财产安全；二是他发展了古代的兵学理论，丰富了祖国的兵学宝库；三是他继承和总结了我国的武术理论，发展了中华武术。

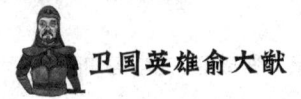
卫国英雄俞大猷

俞大猷一生坎坷，五次被罢官，两次被夺世荫，两次被夺职级，两次被降职级，一次入狱。《明史》说他"数奇屡蹶"，实则非"数奇"也，而是明朝的政治制度使然。但正是这种历经诸多磨难，矢志不渝，更凸显出俞大猷高尚的情操。隆庆六年（1572）七月，他回籍听用，降职两级，由都督降为都督佥事。八月，古稀之年的他，报国之心丝毫未减，连续写了三封信给兵部尚书谭纶，要求到北方。信中说："平胡壮志，报国雄心，竟不一试，恨遗千古。"还对老友李杜表示："仆若委于衰老，遂无意于社稷事，一则负天子，一则负故知。牖下老死，坟土未干，身名俱泯，孰与死于燕、赵之城南郭北，为得其所乎！""男儿壮亦死，老亦死，弱亦死，健亦死，茫茫载地，何处非暴骨之场哉？"

俞大猷的一生是伟大的一生。他为社稷、为苍生出生入死，百折不挠，操劳了近半个世纪，立下了不朽的功勋。他的高尚情操、深邃思想为我们这个民族留下了宝贵的精神财富。这也是他对中华民族最为珍贵的贡献。

附录

一、俞大猷年谱简编

公元	干支	年号	年龄	纪	事
1503	癸亥	弘治十六年	1	六月十四日（7月7日），生于泉州濠格头村。	四月，敕宣、大严兵备。
1505	乙丑	十八年	3		五月辛卯，弘治帝崩于乾清宫，长子朱厚照即位，以明年为正德元年。
1507	丁卯	正德二年	5	在河市入塾读书。	太监刘瑾专权。五月，罢修边垣，输其费于京师。
1510	庚午	五年	8	读书。	八月，刘瑾以谋反伏诛。
1517	丁丑	十二年	15	中秀才。大概在这前后，迁居于泉州北门，从师于王宣、林福学《易》，又从师赵本学，学其以《易》推衍的兵法。	朱厚照宠信宦官，专事游乐，朝政败坏。九月，至阳和，小王子犯阳和，亲督兵御之。
1521	辛巳	十六年	19	读书。	三月，正德帝崩于豹房。四月，从弟安陆王朱厚熜即帝位，以明年为嘉靖元年。

· 153 ·

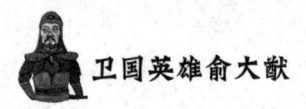
卫国英雄俞大猷

续表

公元	干支	年号	年龄	纪 事	
1523	癸未	嘉靖二年	21	读书。	朱厚熜崇信道教,在宫内举行斋醮。 六月,日本贡使宗设同瑞佐、宋素卿,互争真伪。宗设杀瑞佐,追宋素卿至绍兴,沿途烧杀劫掠,史称"争贡之役"。
1531	辛卯	十年	29	袭祖职泉州卫前所百户,开始习骑射,从李良钦学剑。	三月,俺答入大同,九月犯陕西,十月又犯大同,自是无岁不入寇。
1534	甲午	十三年	32	十月,中武举。	朱厚熜喜爱祥瑞。五月河南巡抚献白鹿。群臣表贺。三月,吉囊犯响水堡,八月寇犯花马池。
1535	乙未	十四年	33	四月,武举会试中试,列进士第五名。升泉州卫前所署正千户。守御金门。	六月,吉囊犯大同。
1536	丙申	十五年	34	大饥,领赈同安。	四月,吉囊犯甘、凉。秋,犯延绥。
1537	丁酉	十六年	35	守御金门。	安南莫登庸篡立。 六月,吉囊犯宣府。八月,复犯宣府。
1538	戊戌	十七年	36	守御金门。 八月,剿海寇杨志新。	三月,仇鸾为征夷大将军,充总兵官,毛伯温参赞军务,讨安南莫登庸。四月,罢征安南师。 六月,寇犯宣府。八月,吉囊犯河西。

续表

公元	干支	年号	年龄	纪	事
1539	己亥	十八年	37	守御金门。写《上两广军门东塘毛公平安南书》。	闰七月，复命仇鸾、毛伯温征安南。
1540	庚子	十九年	38	写"上佥宪伍山陈公用兵二弊二便书"和"又呈画处官澳三策"。被夺职回家。	正月，吉囊犯大同。七月，入万全卫。九月，犯固原。
1541	辛丑	二十年	39	在家。	春，吉囊寇兰州。四月，莫登庸请降。八月，俺答等分道入寇。九月，俺答犯山西。
1542	壬寅	二十一年	40	八月，朝廷诏选天下有将才者，俞大猷被选，入京。写信给毛伯温。	六月，俺答寇朔州，入雁门关，犯太原。七月，寇潞安，掠沁、汾等地。八月，严嵩入阁。
1543	癸卯	二十二年	41	至宣大总督翟鹏所听用。连续写信给翟鹏，阐述御虏方略。	春，俺答屡入塞。八月，犯延绥。十月，朵颜入寇。
1544	甲辰	二十三年	42	三月，任汀漳守备，以都指挥体统行事，署指挥佥事，驻武平。	俺答多次内犯。十月小王子入万全卫。京师戒严。
1545	乙巳	二十四年	43	在守备任上。	八月，俺答犯大同。
1546	丙午	二十五年	44	在守备任上。	俺答六月犯宣府，九月犯宁夏。

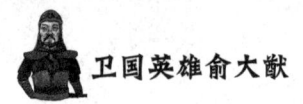

续表

公元	干支	年号	年龄	纪 事	
1547	丁未	二十六年	45	五月，剿元钟海盗康老等。 七月，擒"流贼"雷士贤。 十月，擒"流贼"汤信四。 十二月，升广东都指挥使司军政佥书，署都指挥佥事。	七月，朱纨巡抚浙江兼管福、兴、建宁、漳、泉等处海道。 十二月，海寇犯宁波、台州。
1548	戊申	二十七年	46	在都指挥佥事任上。开诚抚谕新兴、恩平峒酋。 十月内，陆续斩贼首谭元清、谭青蛇、苏青竹等。	正月，以议复河套逮曾铣，罢夏言。三月，杀曾铣，逮夏言。七月，改朱纨为巡视。十月，杀夏言，严嵩为首辅。 俺答多次内犯。
1549	己酉	二十八年	47	命其为福建备倭都指挥使，四月，欧阳必进留其在广东，专驻钦廉，防讨安南寇。 五月，败安南寇。 七月，再败之，生擒范子流等。	二月，俺答犯宣府。 四月，朱纨罢职待勘。 七月，浙江海贼起。 九月，朵颜三卫犯辽东。
1550	庚戌	二十九年	48	三月，升琼州府右参将。 十月，升实授都指挥佥事。	八月，俺答大举入寇，分掠畿甸州县，京师戒严。

续表

公元	干支	年号	年龄	纪事	
1551	辛亥	三十年	49	在右参将任上。	十一月,俺答犯大同。
1552	壬子	三十一年	50	七月,任分守温、台、宁、绍地方左参将。十一月,赴任。	正月,俺答犯大同。三月,徐阶入阁。四月,倭寇浙江。七月,王忬巡视浙江。
1553	癸丑	三十二年	51	闰三月,攻烈港勾结倭寇的海盗头目王直,败之。四月,再败之。五月,攻新河倭寇,俘斩甚多。八月,督兵歼灭败走普陀的倭寇。录浙江地方失事诸臣罪状,大猷虽有斩倭功,仍被罚夺俸,戴罪剿贼。十月,以战功复俸。	二月,倭犯温州,俺答犯宣府。三月,吉能犯延绥。闰三月,海盗王直纠倭,寇濒海诸郡。七月,俺答大举入寇。八月,小王子犯赤城。九月,俺答犯广武。
1554	甲寅	三十三年	52	三月,进攻普陀山的倭寇受挫。五月,因普陀山失利,受到戴罪办贼的处分。七月,在吴淞所败倭寇。九月,论六至七月御倭功,撤销处分。十月,升为提督直隶金山等处地方海防副总兵。	倭寇仍劫掠不断。五月,明廷命张经总督直隶、浙江、山东、两广、福建等处军务,御倭。六月,李天宠代王忬巡抚浙江、福建。俺答犯宣府、大同等地。

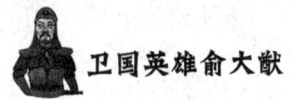

续表

公元	干支	年号	年龄	纪	事
1555	乙卯	三十四年	53	四月，倭攻金山卫，督游击白泫、田州瓦氏兵击之，失利。四月二十九日，败倭于平望。五月初一日，败倭于秋母亭，获得王江泾大捷。十七日，以金山卫失利，被夺职，充事官，戴罪杀贼。二十二日，破敌于陆泾坝。六月十一日和十七日，两次在海上歼敌。七月二十一日，督水兵追贼至茶山，破之，复追，破其三舟。八月九日，海上歼敌。十一月初五日，曹邦辅劾大猷纵寇，被革祖职，令杀贼立功。十一月初八日，督刘堂兵船在宝山等处歼敌。闰十一月，海上歼敌。	四月，工部侍郎赵文华至松江祭奠海神。五月，张经督军取得王江泾大捷。逮张经，以周珫代经。曹邦辅为应天巡抚。六月，杨宜代珫为浙直总督。胡宗宪代李天宠为浙江巡抚。十月，张经被杀。俺答犯宣府、大同、蓟镇等地。十二月，赵文华疏乞还京。

续表

公元	干支	年号	年龄	纪 事	
1556	丙辰	三十五年	54	三月，充镇守浙、直总兵官。四、五、六、七月，获得吴淞江口、营前沙、茶山等地的胜利。 五月，因四月战功，复祖职。 八月，参加歼灭徐海的战斗。 九月，击败进犯龙山之倭。 十一月，以平徐海功，升署都督佥事。 十二月，歼灭舟山倭寇。	二月，逮曹邦辅，张景贤为应天巡抚。胡宗宪为浙、直、福建总督。 五月，赵文华提督浙直军务。胡宗宪用计使徐海等海盗头目间内讧，陈东、麻叶相继被擒。 八月，海盗头目徐海被歼。倭寇势力削弱。 俺答犯大同等地。
1557	丁巳	三十六年	55	三月，以上年十二月舟山歼倭功，进署都督同知。 四月，在沈家门诱歼倭寇。 十一月，围困王直余党于岑港。	倭寇继续入侵江苏等地。 十一月，在胡宗宪的招降下，汉奸王直到胡宗宪处。 俺答等犯大同等地。
1558	戊午	三十七年	56	三月，攻岑港之倭。 三、四月，督兵于九山等洋歼敌。 七月，以岑港倭寇未平，诏夺职级。组织进攻从岑港逃往柯梅之敌。 十一月，柯梅倭出海，以舟师横击之，稍有斩获。	正月，胡宗宪将王直交浙江按察司。王直余党据岑港，明军久攻不下。倭寇又大举入侵，浙江、福建均受其害。俺答子辛爱犯宣府等地。 闰七月，谭纶为浙江海道副使。

续表

公元	干支	年号	年龄	纪事	
1559	己未	三十八年	57	三月，被逮入诏狱，夺祖职。秋，令其塞上立功。冬，写《兵略对》。	二月，把都儿犯潘家口，渡滦河逼三屯营。三月，掠迁安、蓟州、玉田。倭犯浙东。四月，犯通州，攻福州，攻淮安。五月，破倭于庙湾，江北倭平。六月，辛爱犯大同。八月，李遂、胡宗宪破倭于刘家庄。
1560	庚申	三十九年	58	春至大同，进一步阐述以车御敌，并付诸实施。写《大同镇兵车操法》。二月，以平王直功，准赎罪录用。七月，以平丰城板升功，复祖荫。冬，被任命为镇箪参将，署都指挥佥事。	鞑靼继续内犯。二月，倭寇潮州。
1561	辛酉	四十年	59	三月，自云中南归。七月，为南赣参将。	鞑靼继续内犯。倭寇犯浙江、福建等地。

续表

公元	干支	年号	年龄	纪	事
1562	壬戌	四十一年	60	四月，进攻张琏。六月，升为协守南赣汀漳惠潮副总兵。十月，论平张琏功，升一级。十一月，升镇守福建总兵官，署都督佥事，仍驻伸威营。以祖职百户上升实授副千户。	五月，严嵩及其子严世蕃之奸暴露，严嵩被罢官，严世蕃被下狱。徐阶任首辅。闰五月，张臬提督两广。七月，俺答犯宣府。九月，犯居庸关。十一月，吉能犯宁夏，进逼固原。倭寇陷兴化府城。
1563	癸亥	四十二年	61	正月，从南赣入闽。四月，同戚继光、刘显攻平海卫倭，获大捷，歼敌二千二百余人。七月，以平海卫大捷受奖。十月，回伸威营，为总兵官，福建只管汀漳二府。明年改广东。	正月，倭掠潮、惠。俺答犯宣府。三月，谭纶代游震得为福建巡抚。六月，吴百朋提督南、赣。九月，吴桂芳提督两广。十月，辛爱、把都儿破墙子岭入犯，京师戒严。
1564	甲子	四十三年	62	三月，破倭于邹堂，斩首四百余级。继破倭于浅水，斩倭一千一百余级。六月，大破倭于海丰，斩千二百余人。九月，以海丰破倭功，受奖。	谭纶乞补终制回籍。四月，汪道昆为福建巡抚。十一月，吴平降，安置于诏安梅岭。十二月，鞑靼犯山西。

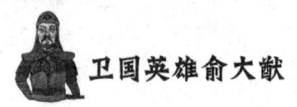

续表

公元	干支	年号	年龄	纪事	
1565	乙丑	四十四年	63	十月，破吴平于南澳。俞、戚军共擒斩敌一千五百余人，烧死淹死敌五千人，解救被掳民众一千八百人。	三月，严世蕃伏诛，籍其家。 四月，俺答犯肃州。 五月，鞑靼犯延绥。
1566	丙寅	四十五年	64	正月，被革职，闲住。 二月，讨平河源、翁源二县"山寇"李亚元等。 八月，复原职，听用。 九月，任镇守广西总兵官。	六月，罢巡抚福建汪道昆，涂泽民为福建巡抚。 十月，谭纶总督两广。李佑为广东巡抚。 十二月，嘉靖皇帝驾崩。俺答多次内犯。
1567	丁卯	隆庆元年	65	三月，议征古田僮。 春，击广东贼王西桥等。 五月，以擒广东贼首王西桥等，升署都督同知。	二月，鞑靼犯广宁。 三月，土蛮犯辽东。 俺答五月犯大同，六月犯朔州，九月再犯上述二地。 八月，张瀚代谭纶总督两广，兼巡抚广西。

续表

公元	干支	年号	年龄	纪 事	
1568	戊辰	二年	66	三月,令暂驻广东视师。著《拙速解》。筹划造船等事,准备进攻海盗曾一本。四月,以嘉靖四十三年以来的军功,升祖职一级,为实授正千户。六月,曾一本寇广州,杀听调知县。七月,令住俸,立功赎罪。八月,开始在福建造船。	鞑靼正月犯靖虏城,二月犯柴沟堡。三月,谭纶任蓟辽总督。李佑被劾罢,熊桴为广东巡抚。七月,徐阶致仕,李春芳为内阁首辅。十二月,刘焘任总督两广福建。
1569	己巳	三年	67	三月,福船八十只造完。六月,三战三捷,大败海盗曾一本。八月,录平闽广巨寇曾一本功,升为右都督。	正月,俺答犯大同。九月,俺答犯大同,掠挥源等县。十月,何宽代涂泽民为福建巡抚。十一月,殷正茂为广西巡抚。
1570	庚午	四年	68	准备征古田僮。十二月,开始讨广西古田僮黄朝猛、韦银豹等。	二月,李迁总督两广军务。俺答四月犯大同、宣府、山西,九月,攻大同、锦州。十月,俺答孙把汉那吉来降。

163

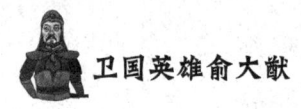

续表

公元	干支	年号	年龄	纪事	
1571	辛未	五年	69	正、二月，继续讨广西古田僮黄朝猛、韦银豹等。五月，以军功升世袭指挥同知。七月，令回籍，听用。十一月，任南京右府佥书。十二月，著《广西选锋兵操法》。	三月，封俺答为顺义王，同鞑靼实现和议。五月，内阁首辅李春芳致仕，高拱为首辅。七月，殷从俭代何宽为福建巡抚。八月，殷正茂总督两广兼巡抚广东。郭应聘为右副都御史巡抚广西。
1572	壬申	六年	70	闰二月，为镇守福建及浙江金、温总兵官。七月，降为都督佥事。六月至九月，著《镇闽议稿》。	五月，隆庆帝死。六月，罢高拱，张居正为内阁首辅。七月，谭纶升任兵部尚书。
1573	癸酉	万历元年	71	九月，以海上失事，革职，闲住。	正月，刘尧诲为福建巡抚。
1574	甲戌	二年	72	四月，准复署都督佥事，任后军都督府佥事，管事。	倭犯浙江宁、绍、台、温四府。
1575	乙亥	三年	73	在后军都督府佥事任上，兼提调京营兵车。	冬，泰宁及土蛮内犯，李成梁败之。

续表

公元	干支	年号	年龄	纪 事	
1576	丙子	四年	74	九月，著《京营战车近议》。十二月，升署都督同知。	三月，泰宁部炒花犯古北口。土蛮犯边，李成梁破之。
1577	丁丑	五年	75	在后军都督府金事任上。提调京营兵车。	四月，谭纶病逝。
1578	戊寅	六年	76	以老疾三次请求致仕。九月，奉圣旨，准致仕。	土蛮正月、十二月犯辽东，李成梁败之。
1579	己卯	七年	77	归至家。八月二十六日（9月16日）病逝。赠左都督。	十月，土蛮犯辽东，李成梁败之。

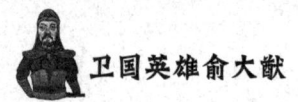卫国英雄俞大猷

二、俞大猷诗词选摘

秋日山行

溪涨巨鱼出,山幽好鸟鸣。
丈夫不逆旅,何以及苍生。

送皇甫莲塘参

就昔想丰采,于今仰止余。
文章唐盛世,道学宋真儒。
理国君才裕,匡时我计迂。
还期鞭蹇足,千里共驰驱。

和林竹山《咏菊》

秋色有幽种,偏宜逸士栽。

雨余犹溉灌,月入每徘徊。

赢得黄花插,何妨白发催。

东篱人去远,此度为君开。

有感题普照寺

春遊穷涬海,延岸访希夷。

滩石千年润,山龙一派奇。

雾浓嗟世昧,风反怅舟迟。

忠孝男儿事,鞠躬不尽期。

挽杨指挥仰嘉

将军年尚少,器宇迥非群。

义重千金散,时危一剑闻。

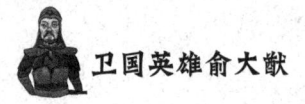

岂知南北别，遂作幽明分。
同志从头数，于今谁似君？

别李克庵佥宪

迢遰乾坤任此身，逢君欢喜别君颦。
君归事业山中了，应念世间未了人。

云中南归题八角楼绝一首律一首

漠北风尘未扫开，雄心回首重徘徊。
登楼笑自题名去，千古知予曾此来。

饮马长城水正寒，伫看万里起鹏抟。
风霜不改忠臣骨，日月常开志士颜。
笑有迂筹经海国，愧无伟业勒丰山。
乾坤北望频惆怅，三宿云阳未度关。

过桃源洞二首

隐君当日是谁臣？无计灭秦只避秦。
我爱留侯仇报后，始从辟谷[1]学脩真。

立马溪头一问津，当年谁隐为逃秦？
而今圣主求贤急，欲隐洞花也笑人。

赠陶指挥

将军骝马锻金鞍，转战长城水正寒。
气与秋霜争凛质，心随晓日照长安。
神龙云雨交时跃，宝剑关山宿处看。
今古惟称知己少，驱山塞海事无难。

---

[1] 谷：底本作"縠"，据《史记·留侯世家》及道光本改。

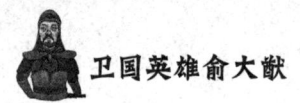

赠周濂亭佥戎

将军轩轾岂常俦,万古乾坤一着筹。

碛地功名追颇牧,际时事业踵伊周。

古钗离井声名重,长剑倚天神气浮。

蹇蹇鞠躬臣子分,逢人莫道为封侯。